普华文化
PUHUA BOOKS

我们一起解决问题

# AIGC
# 高效写作

## 如何发挥ChatGPT的无限创作力

刘典 —— 著

人民邮电出版社
北　京

## 图书在版编目（CIP）数据

AIGC高效写作：如何发挥ChatGPT的无限创作力 / 刘典著. -- 北京：人民邮电出版社，2024.4
ISBN 978-7-115-64123-6

Ⅰ. ①A… Ⅱ. ①刘… Ⅲ. ①人工智能－应用－写作
Ⅳ. ①H05

中国国家版本馆CIP数据核字（2024）第062256号

## 内 容 提 要

写作是一项重要且常见的任务，高质量的写作需要投入大量的时间和精力。生成式人工智能（AIGC）和ChatGPT的出现，为人们又快又好地进行写作提供了新的可能。那么，到底如何利用这些新工具进行高质量写作呢？

本书旨在帮助读者充分理解、掌握AIGC和ChatGPT的相关知识和使用方法，提高写作效率，并增加创新元素，使写作过程变得更加愉快和有成效。具体而言，本书首先介绍了AIGC及ChatGPT的概念、原理、基本操作、会遇到的问题及其解决方法；然后分别针对文案类、工具类、创意类、学术类写作，结合丰富的案例进行详细的讲解，为读者提供了可以拿来即用的方法；最后对AI写作进行思考和设想，帮助读者对AI写作拥有更充分的认识。

本书适合对AI写作感兴趣或希望提升写作效率和质量的人员阅读，也可以作为企业宣传部门、广告公司、科研及教育机构的参考用书。

◆ 著　刘 典
责任编辑　张国才
责任印制　彭志环

◆ 人民邮电出版社出版发行　　北京市丰台区成寿寺路 11 号
邮编 100164　电子邮件 315@ptpress.com.cn
网址 https://www.ptpress.com.cn
北京天宇星印刷厂印刷

◆ 开本：880×1230　1/32
印张：7.5　　　　　　　　　　2024 年 4 月第 1 版
字数：170 千字　　　　　　　　2024 年 4 月北京第 1 次印刷

定　价：59.80 元
读者服务热线：（010）81055656　印装质量热线：（010）81055316
反盗版热线：（010）81055315
广告经营许可证：京东市监广登字 20170147 号

　　2023 年是生成式人工智能爆发的一年。3 月，科技部会同国家自然科学基金委启动"人工智能驱动的科学研究"专项部署工作；4 月，国家网信办等七部门联合公布《生成式人工智能服务管理办法（征求意见稿）》；7 月，国家网信办联合国家发展改革委、教育部、科技部、工业和信息化部、公安部、广电总局公布《生成式人工智能服务管理暂行办法》，其中减弱了监管的内容，加强了发展与开放的内容；12 月，中央经济工作会议再次提到"人工智能"，强调要大力推进新型工业化，发展数字经济，加快推动人工智能发展。人工智能的重要性不言而喻。

　　人工智能是引领未来的战略性技术，是科技革命和产业革命的核心驱动力，它赋能各行各业形成了新质生产力。从家居生活的智能化到工作效率的提升，从教育领域的变革到健康照护的安全化，再到娱乐方式的创新，人工智能技术为我们提供了更加丰富、多元化的内容选择。

人工智能为科学技术创新提供了原动力，为科学技术突破提供了新路径。在过去的几十年里，人工智能技术已经取得了长足的进步，为我们提供了全新的可能性，其中包括自然语言处理领域的突破。随着 ChatGPT 在全球的蓬勃发展，生成式人工智能迎来了又一重大突破。截至 2023 年底，我国累计发布了 200 多个人工智能大模型，拉开了强人工智能时代的帷幕。

从简单的交流到复杂的创作，生成式人工智能展现了其无穷的潜力和灵活性，为人们提供了全新的写作体验和创作思路。生成式人工智能的发展不仅改变了写作的方式，也重新定义了人类与技术的关系。从自动化内容生成到智能创意辅助，AI 写作正逐渐解放人类在写作上的生产力，让我们能够将更多的时间投入思考和创造。

首先，AI 写作工具为创作者提供了高效的工作方式。无论是写小说、写新闻评论，还是进行学术研究，AI 写作工具都能够在短时间内提供丰富的素材和灵感。这种高效的人机合作方式为创作者节约了很多时间，大大提高了工作效率。

其次，AI 写作工具不仅仅是一种工具，更是一种引领创作思维的方式。在与 AI 模型的交流中，AI 可以为创作者提供新的想法和思路，从而打破传统写作的局限，开拓创作的可能性。AI 模型的广泛知识和语言能力，使它们能够提供独特而富有创意的观点，为创作者提供启示，引导他们走向更加丰富多彩的创作领域。

尽管 AI 写作工具有强大的生成能力，但在创作中，人类的创造力仍然是不可替代的核心。AI 模型提供了丰富的素材和灵感，但最终的创作过程仍需要人类的主观判断。随着 AI 技术的不断发展，我们更多地将注意力集中在创造性思考和深度表达上，让机器为我们提供更多的可能性，进而在创作中发挥主观能动性，焕发更加灿烂的创造力。

本书介绍了 AI 写作工具——ChatGPT 的基本原理和工作机制、可能遇到的问题及解决方案、多种提问方式，并分为文案类、工具类、创意类和学术类，进行深入教学，以满足用户不同的写作需求。

通过阅读本书，各位读者不仅可以掌握使用 AI 写作工具的技能，还能拓展自己的思维边界，发掘更多写作的可能性。无论你是初学者，还是经验丰富的作者，本书都将为你带来启发和收获。

# 目 录

## 第 1 章  理解 AIGC

# 第4章 工具类写作

# 第5章　创意类写作

# 第6章 学术类写作

# 第7章 向 AI 写作新时代迈进

理解 AIGC

## 1.1 生成式人工智能简史

几千年来，人类对人工智能（AI）的探索从未停止。科幻作品《弗兰肯斯坦的怪物》《2001 太空漫游》《终结者》等为我们描绘的人工智能，如今也一步一步照进现实。

1956 年，人工智能研讨会在达特茅斯学院举办，约翰·麦卡锡在会上首次提出了人工智能的概念。从此，约翰·麦卡锡被称为"人工智能之父"。

人工智能是模拟人类智能和思维过程（如学习和解决问题）的能力，它可以执行历史上只能由人类完成的复杂任务。通过人工智能，非人类系统使用数学和逻辑方法模拟人们用于学习新信息和做出决策的推理。最常见的 AI 功能包括模式识别、预测建模、自动化、图像识别和个性化。级别更高的人工智能甚至可以驾驶汽车或玩复杂的游戏，如国际象棋或围棋等。

**人工智能发展史是一部人工智能"击败"人类的历史**

1997 年，人工智能实现了一个巨大的飞跃。IBM 的"Deep Blue"计算机以 2 胜 1 负 3 平打败国际象棋世界冠军格里·卡斯帕罗夫（Gary Kasparov），成为首台打败世界冠军的电脑。

2011 年，IBM 超级计算机沃森（Watson）在美国电视智力答题节目《危险边缘》（Jeopardy！）中击败两位人类冠军布拉德·鲁特和肯·詹宁斯。

2016 年 3 月，围棋机器人阿尔法围棋（AlphaGO）打败了围棋世界冠军、职业九段棋手李世石。

2017 年 5 月，阿尔法围棋再次战胜围棋世界冠军柯洁。

至此，计算机技术进入人工智能的新信息技术时代。

## 裂变！ChatGPT 给人类一次"小小的"人工智能震撼

2022 年末，OpenAI 发布的聊天机器人 ChatGPT 火遍世界，给人类带来了巨大的震撼。在过去的人工智能中，人类会更多的觉得机器只不过是算得比人更快，但是在创造性和艺术性上，人脑远胜于电脑。然而，生成式人工智能让我们看到人工智能不止是算得快那么简单，它真的可以进行创造性、艺术性这种原属于人类独有的智能工作。按照当前的发展速度来看，套用著名科幻电影《流浪地球 2》中的话说："我们迟早要被这些东西取代。"

那么，什么是生成式人工智能呢？

生成式人工智能（Artificial Intelligence Generated Content，AIGC）的主要特征是能够生成新的内容，而不仅仅是对已有信息的分析和应用。其具备学习和创造的能力，可以生成文本、图像、音频等多种类型的数据。

从早期的符号推理到如今的深度学习和预训练模型，生成式人工智能的发展历程受到硬件、数据和算法等多方面因素的影响，经历半个多世纪才推动了该领域的快速发展。

20 世纪中叶至 90 年代，早期的 AI 主要集中在符号推理和专家系统领域，缺乏对创造性任务的处理能力，生成式任务十分有限。直到 90 年代初，随着神经网络重新引起关注，领域内专家开始利用神经网络进行生成式任务的探索，但由于当时计算资源和数据集的限制，进展还是相对较慢。到了 2010 年左右，随着深度学习技术的进步，生成式人工智能取得了显著的突破。

近几年，生成式人工智能技术得到了快速发展。随着大规模预训练模型的崛起，生成式人工智能在自然语言处理和其他领域的性能得到了显著提升，生成式人工智能模型如雨后春笋争先亮相。

## ChatGPT 开启生成式人工智能大爆发时期

Open AI 于 2022 年 11 月 30 日发布的 ChatGPT 开启了生成式人工智能大爆发时期。

ChatGPT 的能力让其他对话机器人望尘莫及。对于 ChatGPT 来说，根据用户指示完成工作、撰写小说、编写程序、撰写论文等都不在话下。北密歇根大学的哲学教授安东尼·奥曼（Antony Aumann）在评分时发现，全班第一的论文竟然是用 ChatGPT 写的。

ChatGPT 从推出到 2023 年 1 月末，仅仅两个月的时间，用户数就突破了 1 亿，成为史上用户增长速度最快的消费级应用程序。

为什么生成式人工智能如此火爆呢？其原因是多方面的。

第一，生成式人工智能具备创造性。这在艺术、文学、创意产业等领域具有巨大的吸引力，为创作者提供了全新的工具和媒介。

第二，自然语言处理的突破。随着生成式人工智能在自然语言处理领域的成功，ChatGPT 在对话、文本生成、翻译等任务上展现了出色的性能。这推动了在智能客服、内容创作和自动文本生成等领域的广泛应用。

第三，商业应用需求。生成式人工智能在商业应用中展现了巨大的潜力，从自动化写作和创意生成到个性化内容推荐，生成式技术在提高效率、创造新商业模式方面有着显著优势，吸引了众多企业投入研发和应用。

生成式人工智能凭借其创造性、广泛应用的潜力及技术上的突破，成为当前人工智能领域备受关注和追捧的方向之一。走在前列的有阿里云的"通义千问"、百度的"文心一言"、腾讯的"混元"、华为的"盘古"、京东的"言犀"等。据不完全统计，目前中国 10 亿参数规模以上的大模型已发布 100 多个。

此外，在市场聚焦多模态方向时，其技术创新与应用场景为生成式 AI 应用公司提供了巨大机会。在中国庞大的市场中，蕴藏着丰富的多模态数据，预计垂直行业大模型将爆发。

据相关机构预测，2023 年中国 AIGC 产业规模约为 143 亿元，预计 2028 年将达到 7202 亿元，逐步建立完善的"模型即服务"

产业生态，2030 年有望突破万亿元，[①] 如图 1-1 所示。

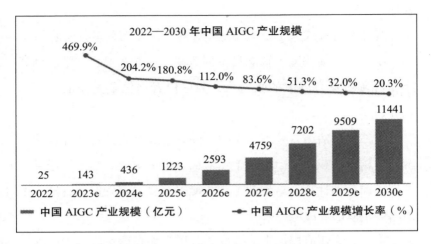

来源：艾瑞咨询研究院根据公开资料、专家访谈自主研究绘制。

图 1-1 中国 AIGC 产业规模

大模型的快速发展让各个行业为之振奋，人工智能技术迎来了发展的黄金时刻。

## 1.2 AIGC 和 GPT

### AIGC

ChatGPT 问世至今，AIGC 这把火彻底点燃了全世界。具

---

① 内容来源：《艾瑞咨询：预测 2023 年中国 AIGC 产业规模约为 143 亿元，2030 年有望突破万亿元》。

体地说，AIGC 有狭义概念和广义概念之分。狭义的 AIGC，如图像、文本、音频、视频等内容生成，和 Generative AI（生成式 AI）、Synthetic media（合成式媒体）等概念类似。论广义概念，还包含策略生成（如 Game AI 中游戏策略生成）、代码生成（GitHub Copilot）、蛋白质结构生成等。

AIGC 的技术原理主要涉及深度学习、生成对抗网络、变分自编码器、Transformer 等模型，以及多模态的数据处理和生成。AIGC 的技术难点包括如何提高生成内容的质量、多样性、一致性和可控性，以及如何解决版权、安全等问题。简单地说，AIGC 的技术原理用一句古话概括就是"读书破万卷，下笔如有神"。

那么，这个火爆全球的 AIGC 到底还可以为人类做些什么呢？

- 自动化劳动力密集型工作：AIGC 可用于自动化和优化大量例行工作，从而释放人类的劳动力，使人类更专注于创造性、战略性和高级思维的任务。

- 医疗诊断和治疗：AIGC 在医学领域的应用可以提高医学影像诊断的准确性、预测疾病风险，并为医生提供更个性化的治疗建议。

- 教育支持：AIGC 可以为学生提供个性化的学习体验，根据其个体差异和学习风格调整教学内容和方法。

- 科学研究：AIGC 可以加速科学研究，处理和分析大规模数据，发现新的模式和关联，推动各个学科的进步。

- 创新和创意产业：AIGC 能够生成文学作品、音乐、艺术等创意内容，为创作者提供新的灵感和工具。
- 智能辅助设备：AIGC 技术可用于开发更智能的助听器、智能眼镜等辅助设备，提供更好的用户体验和支持。
- 全球问题解决：AIGC 能够帮助解决一些全球性的问题，如气候变化建模、大规模自然灾害的预测和管理等。

然而，需要强调的是，实现 AIGC 也面临着许多技术、伦理和社会挑战，确保 AIGC 的安全性、透明度、公平性及在法律和道德框架内的应用将是关键的考虑因素。

## GPT

ChatGPT 作为全球用户数最快超亿的应用，其热度居高不下。Open AI 趁热打铁，于 2023 年 3 月 2 日又上线了一个重磅功能。Open AI 开放 ChatGPT 模型 API，允许第三方开发人员将其集成到自己的应用和服务中。这意味着无论是企业，还是个人开发者，都不用耗费几年时间和投资几十亿美元，就能运用"顶流网红"模型开发自己的应用或集成在自己的产品中。例如，自动生成电子邮件、编写 Python 代码、开发智能客服等。这些仅仅是 ChatGPT 主要用途的一部分，随着技术的不断进步，它在未来必将拓展至更多的领域和场景。

不仅如此，ChatGPT 还推出了很多插件功能。可以说，ChatGPT 已经不只是一个应用，它更是可以基于自身功能开发其他工具的底层应用。ChatGPT 在短短数月里就已经展示了极其强大的智能特性，这次接入插件后所拥有的功能则撼动了整个科技行业。

2023 年 3 月 14 日，OpenAI 又发布了 GPT-4。作为最新一代模型，可以说它是一个无限接近于人类甚至超越人类的多模态人工智能系统。GPT-4 在许多专业和学术的标准测试中表现出了与人类相当，甚至超越人类的水平。

相比前一代的模型，GPT-4 有着更广泛的常识知识和问题解决能力，可以更准确地解决复杂的问题。其创造性和协作性比 ChatGPT 更强，可以完成各种创意和技术写作任务，如创作歌曲、编写剧本或学习用户的写作风格等。

此外，GPT-4 增加了图像输入的能力，可以生成图像和根据图像生成描述、问答或对话等文本内容。GPT-4 之所以能够达到这样的水平，是因为它利用了更多的数据和计算资源创建越来越复杂和强大的语言模型。

随着科技的快速发展，人工智能已经渗透到我们生活的方方面面。尤其生成式人工智能，它是人工智能技术的一个重要里程碑。在生成式人工智能的帮助下，计算机可以像人一样进行创作，既提高了内容生产的效率，也降低了创作成本。AIGC 已经广泛应用于文学创作、音乐制作、绘画、设计等领域，它已不是单纯的解放生产力，而是成为数字时代的一种新型生产力。

AIGC 作为一种新型生产力，具有巨大的潜力和价值。未来，随着技术的不断进步和应用场景的不断拓展，AIGC 将会在更多领域发挥重要作用，进一步加速人工智能照进现实的进程。

# 1.3 ChatGPT 为什么能写文章

## ChatGPT 的写作原理简介

ChatGPT 自发布以来，吸引了无数用户。那么，ChatGPT 的写作原理是怎样的呢？让我们一探究竟。

- 预训练：ChatGPT 首先在大规模的文本数据上进行预训练，这个阶段的目标是让模型学习语言的结构、语法、语境及丰富的语言知识。预训练的数据通常来自互联网上的大量文本，包括文章、新闻、维基百科等。

- Transformer 架构：ChatGPT 采用了 Transformer 架构，这是一种基于自注意力机制（self-attention）的深度学习架构。自注意力机制使模型能够在处理输入时更好地关注输入序列中不同位置的信息，从而更好地捕捉上下文关系。

- 生成对抗训练：在一些生成式任务中，如对话生成，ChatGPT 可能使用生成对抗训练（GANs）的思想。这包括一个生成器负责生成文本，一个判别器用于评估生成的文本与真实文本的相似度。通过反复训练，生成器不断提升所生成文本的逼真度。

- 微调：预训练完成后，ChatGPT 可能会在特定任务上进行微调。这样可以使模型更好地适应特定的应用领域，如对话系统、代码生成等。

- 上下文敏感性：ChatGPT 通过学习上下文的方式实现了对输

入的敏感性。在对话中，模型能够理解之前的对话历史，更好地回应用户的提问或指令。

总而言之，ChatGPT 的写作原理是基于深度学习、Transformer 架构及大规模预训练的思想。通过这些步骤，模型能够生成自然、连贯且富有语言风格的文本，适用于多种自然语言处理任务。

## Prompt、Token 的概念简介

在 ChatGPT 越来越火的时候，很多开发者都想大展拳脚。但在这之前，我们需要了解一些基础知识。例如，什么是 Prompt？什么是 Token？

### Prompt

Prompt 即提示词，简单地说，就是要告诉 ChatGPT 需要做什么，类似程序员编程。但不同之处在于，你只需要输入纯文本，ChatGPT 就会尽可能地理解你的意思，并完成你提出的任务。因此，Prompt 的质量将会直接影响 ChatGPT 回答的质量。

我们需要了解 Prompt 的分类。按照 Prompt 的内容和形式，可以将其分为以下三类。

- Zero-shotprompts：零样本提示词。
- One-shotprompts：单样本提示词。
- Few-shotprompts：少样本提示词。

零样本提示词是指用户仅提供了一个任务描述，可以让 ChatGPT 完成一些简单、清晰的工作。

单样本提示词就是 ChatGPT 根据用户给出的 Prompt 了解到如何完成用户要求的任务。和零样本提示词不同，单样本提示词告诉了 ChatGPT 如何完成某一个任务，而不仅仅是下达了一个完成任务的指令。

如果是逻辑推理，我们可以给出一个计算示例，让模型进行学习；如果是生成类的任务，我们可以给出一个当前已有的例子，让模型进行学习。这就是少样本提示词。

综上所述，三者的区别主要在于上下文的多寡，上下文越多，得到的回答越准确。

## Token

当一个 Prompt 被发送给 ChatGPT 时，它会被分解成多个 Token，这个过程被称为 Tokenier。当你与 ChatGPT 进行对话时，你的输入和模型的输出都是以 Token 为单位进行处理的。以 ChatGPT 为例，一个英文单词大约是 1 个 Token，一个汉字是 2 个 Token。

在 ChatGPT 中，有一个最大 Token 限制，即模型在处理输入和生成输出时能够处理的最大 Token 数量。超过最大 Token 限制的输入或输出将被截断或拒绝。总之，了解 Token 的概念对于在与 ChatGPT 进行交互时管理输入和输出的长度是很重要的。

## 第 2 章

上手试一试——边用边学

## 2.1 基本操作：提问、重问、重答与追问

### （1）认识 ChatGPT

ChatGPT 的页面是非常经典的左右布局，如图 2-1 所示。

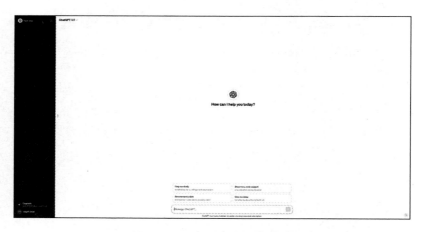

图 2-1　ChatGPT 的页面布局

左侧页面是导航栏。导航栏上半部分是对话列表区域，最上方有一个发起新对话的按钮。ChatGPT 支持用户与它聊多个话题并有记忆能力，所以支持用户与它进行持续对话，由此更多地了解用户的意图，从而给出更优质的回答。所以，每与

ChatGPT 聊一个新话题就点击左上角的"New Chat"创建一个新的会话。

既往提问及回答会保存并显示在左侧的列表区域。ChatGPT 有自动保存功能，用户可以在历史记录中找到既往提问，或者可以根据关键词搜索历史聊天记录。

导航栏下是菜单部分，包括升级到高级用户、自定义说明、设置、白天黑夜模式切换及退出按钮。

右侧页面是 ChatGPT 的主要交互区域，在用户刚进入页面并未发起对话时，这里展示的是 ChatGPT 的能力介绍，包括示例、能力和限制。整个页面中间最下方有一个搜索框，在这个搜索框中输入问题，按回车键或单击小飞机，就可以把问题和要求发送给服务端，和 ChatGPT 进行交流。

**（2）开启新对话**

用户在右侧交互区域最下方的搜索框输入问题及要求，即可开启新对话。

步骤一：在"Message ChatGPT…"框中输入问题或要求。

步骤二：点击搜索框右侧的小箭头，或者在键盘上按回车键。

步骤三：等待 ChatGPT 生成内容。

**（3）对回答不满意可以重新提问**

如果用户对 ChatGPT 的回答不满意，可以重新提问。提问方法有以下两种。

方法一：点击问题下方的编辑按钮修改问题，修改完成后点击"Save&Submit"即可，如图 2-2 和图 2-3 所示。

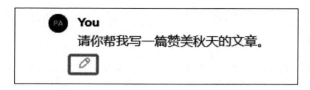

图 2-2　重新提问

图 2-3　提交修改后的问题

方法二：在输入栏重新输入问题。

**（4）重新回答**

当用户对 ChatGPT 生成的回答不满意时，除了以上重新提问的方法，还可以重新回答，只需点击回答下方的重新生成图标即可，即使回答未完成，也可以点击搜索框右侧的停止图标停止内容生成，如图 2-4 和图 2-5 所示。

**（5）连续提问**

ChatGPT 具有理解上下文的功能，如果用户对 ChatGPT 给出的回答不满意，就可以继续追问。这有助于 ChatGPT 更好地理解问题，并提供更准确的回答。

**（6）其他操作**

ChatGPT 给出回答的左下角有四个小图标，依次为复制、点赞、点踩、重新回答，如图 2-6 所示。

**ChatGPT**

《金秋颂》

秋天，是大自然的调色板，是一幅宏伟的画卷，是岁月的交响乐章。在这个季节里，大地以一种独特而宁静的姿态展现出自己的美丽，仿佛是一位优雅的艺术家，用金黄的调色笔勾勒出一幅宏伟而富有诗意的画卷。

首先，秋天的天空如水晶一般湛蓝，阳光透过蓝天洒在大地上，温暖而宁静。微风拂过，吹动着那一丛丛金黄的树叶，仿佛是黄金雨落在人间。这些金黄的叶片，在阳光的映照下，闪烁着诱人的光泽，犹如一片片金子镶嵌在大地的绿毯上，使整个世界都弥漫着浓厚的秋意。

其次，秋天的果实丰硕，果香四溢。苹果、梨、葡萄等各种水果在这个季节里成熟了，沉甸甸的果实挂满了枝头，香气扑鼻。漫步在果园中，可以听到清脆的啄果声和欢快的鸟鸣声，仿佛进入了一个丰收的仙境。这些丰硕的果实，不仅给人们带来了美味，更让人感受到了大自然的慷慨和丰饶。

再者，秋天的天空布满了飞翔的大雁和彩云。大雁高飞在蓝天中，排成一个大大的"V"字形，展翅飞翔，仿佛是一支无形的军队，展现着坚定和自由。而夕阳西下时，天空渲染出一片绚烂的彩云，如梦似幻，让人仿佛进入了一个童话般的世界。这些美丽的景象，让人心旷神怡，对生活充满了美好的期待。

总的来说，秋天是一个充满诗意和浪漫的季节。在这个季节里，大地展现出一种宁静而深沉的美，让人感受到大自然的奇妙和神秘。赞美秋天，就是赞美生命的丰富和多彩，赞美大自然的神奇和魅力。让我们沉浸在秋天的美丽中，感受生命的奇迹，享受大自然的馈赠。

图 2-4 重新生成内容

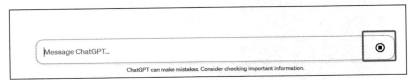

图 2-5 停止内容生成

图 2-6 复制、点赞、点踩、重新回答

在整个页面的右上角有一个分享按钮"Share chat"，用户可以点击分享给其他用户进行交流，如图 2-7 所示。

图 2-7 分享会话

在对话列表中，点击对话右侧的"…"按钮，就能对对话进行分享、重命名、删除操作，如图 2-8 所示。

图 2-8 对话分享、重命名、删除

## 2.2 一个好问题：如何对 ChatGPT 进行问题引导

（1）提问对比

当我们对 ChatGPT 提出问题却没有得到想要的回答时，是因为 ChatGPT 不够智能？还是我们的问题误导了它？

爱因斯坦在其与利·英费尔德合著的《物理学的进化》里说："提出一个问题比解决一个问题更为重要。因为解决一个问题也许是一个数学上或实验上的技巧，而提出新的问题、新的可能性，从新的方向看旧问题，就需要创造性的想象力。这标志着科学的真正进步。"用户提问的质量在很大程度上决定了 ChatGPT 生成回答的质量。当用户对 ChatGPT 提出问题时，ChatGPT 不会努力给出完美的答案，它的回答是来自其大模型中训练语料库的普遍内容。因此，我们要得到更好的回答，就要在提问阶段对问题进行打磨。

（2）对 ChatGPT 提问的几个要素

让 ChatGPT 充分发挥作用的关键就是一个好问题。我们想要提出一个好问题，就要掌握以下几个问题要素。

- **身份设定**：ChatGPT 写作工具拥有强大的数据库，当用户赋予 ChatGPT 身份时，它将会调取与身份适配的内容来回答用户的问题。
- **写作目标**：用户要明确提问的目的与方向，不要提出过于宽泛的问题。只有明确写作目标，ChatGPT 才能更好地理解问题，给出优质的答案。

- **格式风格**：用户要明确文章的格式与风格，确保 ChatGPT 提供更接近用户要求的答案。

- **背景资料**：用户提问时，可以在背景信息中加入该领域的相关知识或术语，以帮助 ChatGPT 更好地理解问题。

- **限定条件**：除了以上四个要素，用户在提问时还可以提供字数等其他限定条件，如字数限定、风格限定、格式限定等。

### （3）如何设计 Prompt 才能得到更高效的回答

➲ 从简单开始

从简单的提示开始，逐步增加更多要素和背景来达到更好的效果。当有一个涉及多个不同子任务的大任务时，你可以尝试将任务分解为更简单的子任务，在得到优质的回答后再继续下一个子任务的提问。这避免了在开始时将过多的复杂性添加到提示设计的过程中。

➲ 指令

用户可以通过使用指令来指导 ChatGPT，如"写入""分类""总结""翻译""排序"等。

➲ 精确描述

用户提供更加具体、简洁、直接的提示词会得到更好的回答。

➲ 样本提示

如果用户能够给出一些示例，ChatGPT 就会根据用户的样本去分析和回答。

### （4）ChatGPT 引导优化

根据回答调整提问内容。与人力相比，ChatGPT 的返工成本极低。如果用户对 ChatGPT 的回答不满意，就可以通过重新提问和连续提问的方式，让 ChatGPT 对回答进行再生，以得到更好的结果。

下面是以 ChatGPT 为例总结出来的引导方法。

➲ 奖惩分明

对于 ChatGPT 生成的内容，如果符合要求，就用肯定词表达，如"非常好""请继续保持"这种形式。对于不符合要求的地方，就用否定词表达，如"不对""你错了"……通过这样鼓励与反复纠正，ChatGPT 就会形成一套我们期望的行为准则。

➲ 加入指令 "Let's think step by step"（让我们一步一步思考）

当我们不加指令，直接提问时，用户得到的回答会比较笼统和宽泛。而添加指令后生成的回答会循序渐进，更具逻辑性。例如，"未来 5 年内人工智能的发展趋势如何？Let's think step by step。"

➲ 加入指令 "Please generate the answer at $X$" 或 "Use a temperature of $X$"（请用温度 $X$ 生成答案）

ChatGPT 生成的答案都较为严谨，略显机械和呆板。此时，我们只需在提问时加入 Please generate the answer at $X$ 或 Use a temperature of $X$（请用温度 $X$ 生成答案）的指令。$X$ 可以是任何大于 0 的数值，数值越大，ChatGPT 的回答情绪值、内容丰富度和创意度就越高。一般来说，数值在 0 ~ 1 就足够了。例如，"请写一段关于春天的散文。Use a temperature of 1。"

➲ 加入指令 "Max tokens $Y$"（最大令牌数）

在聊天机器人或文本生成模型中，最大令牌数是一个重要的参数，它限制了模型生成文本的最大长度，$Y$ 就是令牌数。一个令牌可以是一个字、一个词或一个字符，这取决于模型的设计和训练方式。在英文中，一个令牌通常是一个词或一个标点符号。在中文中，一个令牌通常是一个字。例如，"请为运动会写一句口号。Max tokens 10。"

　　⟳ 加入指令 "Frequency penalty：$N$"（频率惩罚）

　　频率惩罚指令参数的设置是为了决定 ChatGPT 生成的回答是否偏向常用词语。较高的频率惩罚值将使 ChatGPT 的回答更倾向于生成不常用的词语。$N$ 是频率惩罚数值，其范围通常在 –2.0 ～ 2.0。输入正的频率惩罚值，ChatGPT 会更倾向于生成较少用的单词。反之，如果设置一个负的频率惩罚值，ChatGPT 将更倾向于使用常用的单词和短语。

　　⟳ 加入指令 "Presence penalty：$Z$"（存在惩罚）

　　存在惩罚是用来调整生成内容中新词语的使用频率的，$Z$ 代表存在惩罚的数值，范围通常为 –1.0 ～ 1.0。当用户设置一个正的存在惩罚值时，ChatGPT 会尽量避免重复已经使用过的词语，而更倾向于生成新的词语。如果将 $Z$ 设置成负数，ChatGPT 就会重复使用已经出现过的词语。

## 2.3　常用的提问方法

（1）指令式提问

　　用户的指令越具体，ChatGPT 给出的结果越接近要求。所以，掌握好指令式提问结构，可以更清楚地表达你的需求。例如，常见的 When（时间）、Where（地点）、Who（人物）、What（事件）、Why（起因）、How（结果），简称"5W+1H"，可以较为完整地表述你的需求。

### （2）角色扮演式提问

专业的人干专业的事。要让 ChatGPT 的数据库与你的需求完美契合，就需要赋予 ChatGPT 专家属性，让其以专家的身份提供帮助。例如，"请你以营养师的身份给我写一份减肥计划"。

### （3）循环迭代式提问

为了让 ChatGPT 越来越符合你的脾气秉性，回答渐入佳境，你需要和 ChatGPT 之间不断反馈并循环迭代。这样可以逐步细化问题，形成与你的偏好有关的推荐算法，进而提高答案的适用性。

### （4）模板式提问

模板式提问就是给 ChatGPT 提供一份模板样式或设定一个框架，限制其风格及陈述方式，得出的结果能更直接地展示你想要的信息。例如，"请根据以下模板写一份述职报告"。

### （5）功能式提问

直接向 ChatGPT 提出你的问题，可以迅速获得明确的答案。例如，"什么样的饮食对健康有危害"。

## 2.4　让 ChatGPT 了解它不知道的信息

在使用 ChatGPT 时，你可以通过"投喂"数据和提供相应的背景信息，来让 ChatGPT 了解它不知道的信息。

首先，告诉 ChatGPT 你想要给它输入数据的意图。例如，"我现在将向你输入一段文字，只需要你记录下来并在最后回答我的问题即可。但是，在我要求你回答问题之前，你只用向我回复'OK'即可，不需要做任何解读或回复，理解我的意思就回复'明白'"。

其次，分次在对话框中输入你需要 ChatGPT 学习的内容。

最后，在输入信息完成后向 ChatGPT 提问，让其回答相关内容，确保它已经学习到了你输入的内容。

在得到自己想要的回答后，你可以继续向 ChatGPT 提问，以获得自己需要的内容。但是，在向 ChatGPT 输入内容时，你需要注意一个问题：ChatGPT 的最大字符数量是 4096 个字符，包括输入和输出的总字符数。如果输入文本超过这个限制，你需要对文本进行删减或截取部分来适应模型的要求。例如，"现在需要你输入一些内容，由于内容的字数太多，我需要分批发送给你，你要分批接收"。

除了向 ChatGPT "投喂"数据，你还可以提供详细的背景信息让 ChatGPT 更好地接收信息。类似于在工作中和一个陌生的伙伴开始合作之前，必须交代清楚才能进一步更好地合作。那么，一个完整的 Prompt 应该包括以下内容。

- **背景信息**：在向 ChatGPT 提供背景信息时，可以增添更多其他细节信息。例如，你想要 ChatGPT 回答关于素描的某些特定问题时，就可以在背景信息中向它提供一些素描的基础知识、专业术语、专有名词等，以便于它能够在这个领域更好地回答问题。

- **相关数据**：在输入数据时，用户可以向 ChatGPT 提供更多的具体信息，以便于辅助 ChatGPT 更好地理解问题。例如，你想了解北京的降水量，除了提供城市名称，还需具体到北京的某个区、某个时间段或月份等信息。
- **具体指令**：在输入指令时，应该做到明确、简洁、具体。你可以告诉 ChatGPT 具体需要完成什么任务，如回答问题、总结上文、拓展文章等，让它更加明白自己需要达到的任务标准。
- **输出要求**：输出指示时，你可以告诉 ChatGPT 需要输出什么样的类型和格式，如纯文本、HTML、JSON 等。

按照上述两种方式，你便可以更好地了解和运用 ChatGPT，让它更加了解你的需求。

## 2.5　如何避免 ChatGPT "一本正经地胡说八道"

在运用 ChatGPT 时，我们将面临一个巨大的问题，即 ChatGPT 会"一本正经地胡说八道"，如随意篡改历史、对于自己不知道的信息就"胡说八道"，甚至虚构文献等。那么，面对 ChatGPT "一本正经地胡说八道"，我们应当如何应对呢？

我们先了解什么是 ChatGPT "一本正经地胡说八道"。

ChatGPT "一本正经地胡说八道"也被称为"AI 幻觉"。如果 ChatGPT 的输出没有任何已知事实的支持，幻觉便会发生，ChatGPT 就会产生完全捏造的信息，既不准确，也不真实。
ChatGPT"一本正经地胡说八道"一般会分为以下三种情况。

- **句子矛盾**：ChatGPT 生成的内容与前一个句子相矛盾。
- **提示矛盾**：ChatGPT 生成的句子与用于生成它的提示相矛盾。
- **事实矛盾**：ChatGPT 输出内容时，将虚构信息作为事实呈现出来。

既然知道 ChatGPT 会"一本正经地胡说八道"，我们又将如何避免呢？

- **明确对话目的和重点**：在撰写提示之前，明确对话的目的是至关重要的。是为了提供信息、回答问题，还是进行随意交谈？定义明确的对话目的和重点将有助于设计具体、相关的提示，使对话更具吸引力和信息量。
- **使用具体和相关语言**：避免使用可能引起混淆或误解的行话，或含糊不清的措辞。目标应保持语言清晰、简洁，并与当前主题相关。
- **避免开放式或过于宽泛的提示**：尽管提出开放式或过于宽泛的问题看似可能获得全面的答复，但这通常导致对话无重点或脱离主题。相反，尽量确保提示具体且明确，明确定义对话的目标和重点。
- **保持对话的连贯性**：在与 ChatGPT 对话时，保持专注于当前主题，避免引入不相关或跑题的内容。通过保持对话的连贯性，可以确保对话围绕用户感兴趣的主题展开，提供有用的和相关的信息。

通过这些技巧，我们可以有效避免 ChatGPT "一本正经地胡说八道"，有助于产生更有针对性和有意义的回答。

## 2.6　处理基于 ChatGPT 的写作中的常见问题

随着 ChatGPT 的火爆，我们在使用过程中难免会遇到各种各样的问题。以下是可能会出现的问题及其解决方法。

（1）拒绝访问

登录 ChatGPT 官网，当我们使用浏览器翻译功能时，可能会出现"拒绝访问"的提示。

解决方法：更换 IP 地址。

（2）ChatGPT 登录不成功，无限循环登录

这是因为登录系统的人数太多，导致服务系统崩溃。

解决方法：换个时间节点再次登录。

（3）Not available in your country

该提示表示 IP 有问题，你所在的国家或地区不可用。

解决方法：刷新网页或重新登录即可。

（4）Access denied 和 We have detected suspicious 错误

出现这两个错误，表明用户的 IP 可能已经被这个网站拥有者拒绝访问。

解决方法：更换 IP 再进行登录。

（5）ChatGPT is at capacity right now

如果白天可以正常登录，晚上 10 点至凌晨 3 点则经常遇到该提示，这是因为该时段是使用高峰期，人数较多，所以会出现满负荷运转提示。

解决方法：刷新网页或换个时间登录即可。

（6）Something went wrong

出现这个问题基本上是网络原因。

解决方法：重新连接网络或刷新网页再换个时间登录。

（7）Your account has been blocked after multiple consecutive login attempts

该提示表示你的账户在多次连续登录后被系统阻止了。

解决方法：重新设置密码，再次登录。

（8）ChatGPT 在使用过程中显示 "Network Error"

出现这个问题的原因是用户给机器人的任务量太多，它需要以长答案响应，当长答案超出字数限制时，ChatGPT 便无法再继续返回答案。

解决方法：拆分成简单的问题，让它逐个回答或设置中断点。

（9）OpenAI API – Access Terminated

账户访问权限已被停用，可能是因为违反了某些政策或使用条款。

解决方法：进行申诉，申诉邮箱为 support@openai.com。

主题行（标题）为 "Deactivated User Appeal"，并附上重新激活账户的理由。

（10）Only one message at a time

一次只能发送一条消息。出现该提示的原因有三：一是其他人正在使用这个账号；二是之前的对话信息还没有加载完；三是 IP 地址不稳定。

解决方法：刷新页面或换个时间重新登录。

**（11）错误 429 You are being rate limited**

出现错误 429，一般都是 IP 不稳定引起的。

解决方法：换个时间再登录。

## 2.7 最终编辑

ChatGPT 写作的最终编辑是一个重要环节，它确保了 ChatGPT 生成的文本在语法、语义和逻辑结构上都是准确的。这个过程包括对文本进行审查、修改和润色等，以确保其质量满足读者的期望。我们需要从以下几个步骤进行最终编辑。

（1）生成原始内容：根据输入提示，ChatGPT 会生成一段相应的文本作为初始内容。

（2）检查文本的逻辑结构：确定文本的结构是否合理，论点是否清晰，论据是否充分，段落之间是否清晰过渡。如果没有达到你想要的目的，你可以尝试重新组织顺序或加一些过渡的句子。确保句子清晰明了，避免句子过长或过短。

（3）确保中立性：如果在编辑 ChatGPT 生成内容时涉及敏感或争议性话题，请保持中立立场，并尽量避免高度情绪化的表述。

（4）进行简化语言及文本编辑：ChatGPT 生成的文本有时会过于复杂和啰嗦，使读者感到困惑。我们可以对文章进行润色和优化，根据自己的需求加一些个人的风格和语气，使文章更有吸引力和可读性。包括调整语气及语言风格、增加修辞手法等，使文章更加完美，使读者更容易理解。

（5）标题和摘要的编写：一个醒目的标题和简洁的摘要更能吸引读者的兴趣，并引导读者更好地理解文章。

（6）检查文本的语法和拼写：我们应仔细检查文本中的语法错误和拼写错误，并及时进行相应的修正；也可以使用各种在线工具或软件检查文章的语法和拼写，确保准确无误。

（7）检查文章的标点符号：检查文章中的标点符号是否使用得当，确保标点符号的用法符合规范。

（8）引用和参考文献：如果文本包含引用或参考文献，编辑者需要验证这些引用的准确性，并确保引文格式正确。

（9）进行最终校对：在完成上述步骤后进行一次全面校对，确保文章没有遗漏或错误。

（10）征求反馈：如果条件允许，可以向他人征求反馈，看他们是否发现问题或提出改进建议。

总之，虽然 ChatGPT 可以极大地提高写作的效率和质量，但人类编辑的参与和合作仍然是不可或缺的，编辑人员在这个过程中充当了关键的角色。

## 第 3 章

# 文案类写作

## 3.1 新闻资讯

在新闻资讯类内容的写作过程中，我们可以使用 ChatGPT 帮助梳理内容，总结要点，分析意义，从而快速高效地完成一份新闻资讯。

新闻资讯类内容需要具有很强的及时性和准确性。在使用 ChatGPT 进行新闻资讯类内容写作时，我们需要注意给出完整的信息要素，避免"一本正经地胡说八道"。

同时，对于已有通稿的内容，我们可以用 ChatGPT 对文稿内容及风格进行修改，让其更符合自身预期的要求。

对于一般的新闻资讯类内容，我们可以使用以下写作流程。

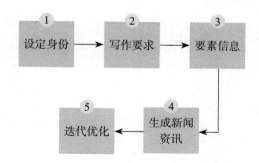

## 新闻报道类内容

**设定身份**　首先要让 ChatGPT 知道以什么样的身份进行新闻资讯的创作，包括媒体行业及名称、记者或编辑信息等。

**写作要求**　要对新闻资讯的样式等内容进行设定，包括文体、语言风格、报道重心、特殊要求等。明确的写作要求能够让 AI 更好地理解我们的写作意图，有利于生成更符合要求的内容。

**要素信息**　新闻资讯因其特殊性，报道中的"5W+1H"，即时间（When）、地点（Where）、人物（Who）、事件的起因（Why）、经过（What）、结果（How）都要非常明晰。

**生成新闻资讯**　我们将上述内容输入 ChatGPT。

> 提问

假设你是给你点阳光报业的新闻编辑。请根据下面的素材帮我写一篇报纸简讯，文风要严肃，并写出该项研究的发现对人类未来有着怎样的影响。

素材：2088 年 13 月 32 日，芭芭拉市拉布拉多大学校长安部任市教授团队宣布了一件事情，说其在今年的科研项目中发现了一种特别的微观粒子——"pang 子"，这种粒子可能是促使人类变胖的原因。"pang 子"作用于身体的细胞时，可以促进细胞把人类吃进去的能量转化成脂肪。以后人类如果想变瘦，就可以减少摄入"pang 子"含量高的食物，或者吃专门的去"pang 子"食物。

## 给你点阳光报业新闻简讯

2088 年 13 月 32 日

芭芭拉市拉布拉多大学校长安部任市教授团队宣布，他们在今年的科研项目中取得了一项重要的发现。这个发现或许会对人类未来产生深远的影响。

据报道，教授的团队发现了一种特别的微观粒子，被命名为"pang 子"。这种微粒被认为可能是促使人类变胖的主要原因。"pang 子"似乎在作用于人体细胞时，会促进细胞将摄入的能量转化成脂肪，从而导致体重增加。

虽然这一发现为解决人类肥胖问题带来了新的认识，但也让我们对未来产生了一些担忧。如果"pang 子"的含量过高，将导致人们更容易变胖。这可能会引发更多的健康问题，如心血管疾病、糖尿病等。而随着社会发展和生活水平的提高，不健康的饮食和生活习惯可能会导致"pang 子"的含量不断上升，从而加剧肥胖问题。

然而，这项研究也给了我们一线希望。教授团队指出，如果人们想减轻体重，可以采取一些措施来降低"pang 子"的含量。其中一个方法是减少摄入"pang 子"含量高的食物，改变不健康的饮食习惯。另外，科学家们正在研发专门的去"pang 子"食物，这可能会成为未来控制肥胖的有效手段。

这项研究的发现为人类的未来带来了新的挑战和机遇。我们应该重视肥胖问题，并采取积极有效的措施，以保障人类健康和幸福的未来。

敬请关注我们后续对这个课题的深入报道，以获取更多关于"pang 子"的科学信息和应对肥胖的方法。

**迭代优化** 我们可以看到，ChatGPT 在简讯中加入了一些基于人工智能学习的尝试内容，而非我们提供的素材内容。这要求我们根据已知情况对生成内容进行判断，如果这部分是客观、正确且为简讯需要的，则可以保留；否则，我们可以对 ChatGPT 进行补充要求，修正输出的内容。

修正后，我们将新闻复制出来并对其进行一次人工编辑，去除一些机器化的语言风格即可。

## 综合报道类内容

在熟练运用上述方式进行简单的新闻报道后，我们可以进阶到综合报道部分。在进行新闻报道的实践中，我们经常会遇到需要综合多家媒体进行报道的情况。这时，我们同样可以使用 ChatGPT 进行新闻的综合。

与以上流程类似，我们需要注意的是在要素信息一栏应给出需要综合的多个素材。

提问

假设你是灿烂杂志社的新闻编辑，请根据以下几篇报道，写一篇新闻综合报道。主要突出以下几点内容：1. 该成果是今年最有可能成为糯倍儿生物学奖的一项发现；2. 已经有资本开始重点投资这个成果；3. 该成果的一些质疑声。

另外，要给这篇报道起一个着重点在糯倍儿奖的新闻标题。

素材 1：据给你点阳光报业报道，2088 年 13 月 32 日，芭芭拉市拉布拉多大学校长安部任市教授团队宣布，他们在这一年的科研项目中取得了一项重要的发现。这个发现或许会对人类未来产生深远的影响。据报道，教授的团队发现了一种特别的微观粒子，被命名为"pang 子"。这种微粒似乎在作用于人体细胞时，会促进细胞将摄入的能量转化成脂肪，从而导致体重增加，这成为肥胖的主要原因。虽然这一发现为解决人类肥胖问题带来了新的认识，但也让我们对未来产生了一些担忧。在这个背景下，科学家们正在积极探索降低"pang 子"含量的方法，以寻找有效的肥胖防控策略。这项研究的发现为人类的未来带来了新的挑战和机遇。我们应该重视肥胖问题，并采取积极有效的措施，以保障人类的健康和幸福的未来。敬请关注我们后续对这个课题的深入报道，以获取更多关于"pang 子"的科学信息和应对肥胖的方法。

素材 2：太阳当空照新闻社消息，近日芭芭拉市拉布拉多大学校长安部任市教授团队发现一种名为"pang 子"的微粒，该团队称"pang 子"可能是人类肥胖的罪魁祸首。本社对生物学教授梅间过博士进行了采访。梅教授说："这种粒子是当前生物学发展最重大的一项发现，它的发现将极大推动人类对生物学与基础物理学的交叉认知，对于延长人类寿命，治疗肥胖、糖尿病等疾病具有重要意义。"同时，梅教授还称："该成果可能成为今年糯倍儿生物学奖的有力竞争者。"

素材 3：花儿对我笑卫视报道，芭芭拉市拉布拉多大学校长安部任市教授团队发现一种名为"pang 子"微粒的新闻引发股市震荡，减肥概念股逆势上扬，磨跟财团近日公开宣称将大举投资"pang 子"微粒的后期研发。另据消息人士称，花齐集团今日董事会也重点讨论了"pang 子"微粒的投资计划。但这个消息也有很多负面评价，批评人士称对"pang 子"微粒的投资过热可能会引发其他板块尤其是健身板块的股市震荡，人们只用"pang 子"就能减肥会极大影响健身的积极性。另外，"肥胖爱好者保护协会"组织的发言人月半发表声明称，他们将继续捍卫人类肥胖的权利，胖嘟嘟才是最可爱的。

## ChatGPT 回答

### 灿烂杂志社新闻综合报道

今年最有可能获得糯倍儿生物学奖的新发现："pang 子"引发资本重点投资芭芭拉市。2088 年 13 月 32 日，芭芭拉市拉布拉多大学校长安部任市教授团队宣布了一项引人注目的科研发现。他们在这一年的科研项目中发现了一种名为"pang 子"的微观粒子，该发现可能成为今年最有可能获得糯倍儿生物学奖的一项重要成果。"pang 子"被认为可能是导致人类肥胖的主要原因。

对此项发现，生物学教授梅间过博士在接受采访时表示，"pang 子"的发现将极大地推动人类对生物学与基础物理学的交叉认知，对于延长人类寿命，治疗肥胖、糖尿病等疾病具有重要意义。他还表示，该成果有望成为今年糯倍儿生物学奖的有力竞争者。

随着"pang 子"的发现引起广泛关注，资本市场也开始对该成果进行重点投资。磨跟财团和花齐集团等知名机构公开宣布将大举投资"pang 子"微粒的后期研发。这个消息引发了股市的震荡，减肥概念股逆势上扬。然而，批评人士对此表示质疑，担忧"pang 子"的研究过热可能引发健身板块的股市震荡，并影响人们对健康的积极性。

此外，"pang 子"的发现也引发了一些负面评价。肥胖爱好者保护协会的发言人月半发表声明称，他们将继续捍卫人类肥胖的权利，因为他们认为胖嘟嘟才是最可爱的。

"pang 子"的发现无疑为人类未来带来了新的挑战和机遇。虽然在探索治疗肥胖问题的同时，应该关注投资热潮的合理性，确保科学研究的专业性和客观性。我们将继续密切关注"pang 子"的研究进展，为读者带来最新的科学信息。

标题：《揭秘糯倍儿奖最有力竞争者——"pang 子"微粒的神秘面纱》

在给 ChatGPT 输入素材的过程中，我们经常会遇到文字较多的情况。如果一次性给 ChatGPT 输入大量的文字，就可能会报错（上限大概在 2000 个汉字）。因此，我们需要分批次给 ChatGPT 提供素材。

## 新闻评论

在新闻工作中，除了日常的新闻和综合报道，我们往往需要对一个新闻内容做评论性报导。我们可以使用 ChatGPT 找到评论方向，撰写评论文章。

**ChatGPT 帮助我们找到合适的评论思路**

在撰写新闻评论前，我们经常会因为评论思路而苦恼，此时便可以借助 ChatGPT 的力量，在众多新闻素材中找到适合评论的角度和方向。

**提问**

我要写一篇关于"Pang 子"发现的新闻评论文章，请帮我根据上面的内容，想几个评论的角度和方向。

**ChatGPT 回答**

当面对如此引人瞩目的科学突破时，我们可以从以下几个角度展开评论。

1. 科学的威力：文章可以首先突出强调"Pang 子"微粒的发现是当前生物学领域最具影响力的发现之一，它将为人类健康和医学领域带来深远的影响。这个发现不仅促进了对生物学与基础物理学的交叉研究，也为治疗肥胖、糖尿病等疾病开辟了新的研究方向。

2. 糯倍儿生物学奖的有力竞争者：讨论"Pang 子"可能成为这一年糯倍儿生物学奖的有力竞争者，以及它在获奖榜单上的潜在影响。这个成果的突破性质使它备受瞩目，同时也引发了对其科学价值的广泛讨论。

3. 资本投资的影响：可以探讨资本市场对"Pang 子"微粒发现的投资热潮，以及这种投资是否会为研究提供更多的资源和支持。同时，也需要关注投资过热可能导致的市场震荡和合理性问题。

4. 社会反响和负面评价：评论可以关注"Pang 子"微粒的发现引起的社会反响，包括对减肥概念股的影响、股市的波动及"肥胖爱好者保护协会"的声明。同时，也可以对批评人士的观点进行客观分析，以了解他们的立场和担忧。

5. 科学研究的专业性和客观性：最后，可以强调在研究"Pang 子"微粒的过程中，我们需要保证科学研究的专业性和客观性，避免因投资热潮而影响科学研究的方向和结果。

通过这些角度的评论，可以全面地展示"Pang 子"微粒发现的重要性、影响，以及与之相关的社会和科学议题，为读者提供一个清晰的全貌。

在没有给出具体方向时，ChatGPT 会给出各个方面的评论思路。如果已经有了大致方向，需要在这个方向给出具体评论，我们就可以在此基础上添加一些限定条件，例如从股市的角度等。

### 让 ChatGPT 帮我们写一篇评论文章

在选好具体的评论方向后，我们可以让 ChatGPT 针对性地写一篇新闻评论。

**提问**

我是财经新闻给点阳光财经报的一名财经记者。请帮我针对"Pang 子"的发现写一篇新闻评论。除了陈述"Pang 子"发现的过程和意义外，着重从健康与科技板块的投资动态、肥胖产业链的投资前景、风险警示与监管关注三个角度进行解读。

**ChatGPT 回答**

标题：《Pang 子：引领健康科技风潮，投资风险应警惕》

给点阳光财经报记者：【您的名字】

【日期】

近日，芭芭拉市拉布拉多大学宣布了一项突破性的科研成果——"Pang 子"微粒的发现。除了引起科学界的高度关注，这个发现也将在资本市场、健康与科技板块及肥胖产业链方面带来深远影响。

**1. 健康与科技板块**

随着"Pang 子"微粒的发现，健康与科技板块迎来了前所未有的投资热潮，相关公司纷纷成为投资者关注的焦点。磨跟财团和花齐集团等知名机构已公开表示将大举投资"Pang 子"微粒的后期研发。然而，投资者也应谨慎行事，了解技术的成熟度和商业化前景，以避免盲目跟风。

**2. 肥胖产业链的投资前景**

"Pang 子"微粒的发现将直接影响到肥胖问题，从而引发肥胖产业链的变革。肥胖治疗、健康管理等领域的公司可能会迎来新一轮的投资热潮。然而，投资者需要认识到，这项技术的商业化进程可能会面临技术难题、市场认可等多方面的挑战，务必保持谨慎态度。

**3. 风险警示与监管关注**

与新技术的引入一样，监管和风险是不可忽视的方面。投资者应当关注相关监管政策的制定和调整，以及监管机构对于"Pang 子"微粒的态度。同时，也应警惕市场中可能存在的投资泡沫，防止盲目跟风。

综上所述，"Pang 子"微粒的发现无疑将成为健康科技领域的一大里程碑。在迎接投资热潮的同时，投资者务必保持理性，对技术的前景、商业化进程和市场风险进行充分评估。同时，投资者也需要保持对监管政策和市场动态的高度警惕，以确保投资的稳健性和可持续性。我们将持续关注"Pang 子"微粒的研究进展，为读者带来最新的科学信息和投资建议。

我们可以看到，没有给出限定的引导，ChatGPT 只会根据提供的材料写出更加"中庸"的评论。因此，我们可以在开始时给出限定方向，或者通过连续提问给 ChatGPT 做出倾向性的限定，让新闻评论更符合我们的要求。

## 3.2  销售品宣

销售品宣类写作内容的特点主要在于其目标性、针对性、实用性和说服力。这类写作旨在吸引特定类型的读者，传达产品或服务的信息，激发读者的购买欲望，并引导他们采取购买行动。

在使用 ChatGPT 进行销售品宣类内容创作时应注意个性化沟通，更有针对性地进行宣传，提高转化率。同时，ChatGPT 可以为已有的产品描述、营销文案等内容提供润色，使其更加流畅、通顺，更有吸引力。

## 通用类营销文案

对于一般的销售品宣类内容，我们可以使用以下写作流程。

**设定写作身份**　让 ChatGPT 知道以什么样的身份进行销售品宣传文案的创作，如品牌代表、市场研究员、营销策划师、销售顾问等。

**输入品牌信息**　确定品牌的定位和目标受众，这有助于 ChatGPT 为品牌提供更加精准的推荐和建议。包括品牌的核心价值、目标人群、品牌口号、品牌形象等，这是品牌塑造的基础。

**确定文案风格**　不同投放渠道的营销文案有不同的表现风格。明确的文案风格能够让 ChatGPT 更好地理解你的写作意图，有利于生成更符合要求的内容。

**生成营销内容**　将以上内容输入 ChatGPT 中，让 ChatGPT 学习并生成品牌相关的营销内容。

**提问**

假设你是某公司的销售顾问，根据以下华为品牌的信息写一篇在微博上发的营销文案，内容要简洁明了且新颖大胆，要求 100 字以内：华为是全球领先的 ICT（信息通信技术）基础设施和智能终端提供商，致力于把数字世界带入每个人、每个家庭、每个组织，构建万物互联的智能世界。

**ChatGPT 回答**

领先 ICT，智能改变生活！华为携手您构建万物互联的智能世界，让数字科技成就更多可能。从个人到家庭，再到整个组织，我们致力于让每个人都能感受到数字世界的便利。# 华为智能世界 # 让未来从此变得更加精彩！

**持续迭代优化**　对生成的内容进行筛选和调整，确保内容符合品牌的形象和定位。

## 案例推广类营销文案

案例推广是指通过具体的案例传递信息、推广产品或服务等。对于以案例推广为主要手段的营销文案，写作流程与上述流程类似，但需要加入所选的案例信息。

设定写作身份、输入品牌信息与上述通用类营销文案相同，此处不再赘述。

**选择案例内容** 选择案例是案例推广类营销文案中非常重要的一环，它决定了文案的说服力和吸引力。选择案例要注重案例的真实性、代表性、独特性及可复制性。

我们也可以向 ChatGPT 提问，让 ChatGPT 生成几条关于品牌的经典案例，再根据需要筛选出合适的案例。

**生成营销内容** 在确定案例内容后，便可以使用 ChatGPT 直接生成营销内容了。

**提问**

假设你是某公司的销售顾问，根据以下华为品牌的信息，结合华为品牌的经典案例，写一篇800字左右的营销文案：华为是全球领先的 ICT（信息通信技术）基础设施和智能终端提供商，致力于把数字世界带入每个人、每个家庭、每个组织，构建万物互联的智能世界。

**ChatGPT 回答**

标题:《开创智慧未来，华为引领万物互联》

在当今数字化时代，华为以其全球领先的 ICT（信息通信技术）基础设施和智能终端技术，为我们打开了通往智慧未来的大门。它不仅仅是一家科技公司，更是一种使命，致力于把数字世界带入每个人、每个家庭、每个组织，构建万物互联的智能世界。

…………

**持续迭代优化**　最后，我们再根据实际需求对 ChatGPT 给出的营销内容进行优化修改。

## 新闻宣传类营销文案

新闻宣传类营销文案主要是指通过媒体发布新闻稿件、软文广告、品牌公关稿件等进行品牌宣传和推广的文案。此类文案的写作流程与新闻资讯类的写作流程类似，但要注意新闻素材的选择应与我们推广的产品有关。

设定写作身份　→　确定宣传目标　→　输入新闻素材　→　生成新闻内容　→　润色发布内容

**设定写作身份**　根据新闻宣传的目的和内容，可以选择不同的写作身份，如公司发言人、行业专家、相关政府部门、媒体记者等。不同的身份能够从不同的角度出发，增强新闻内容的可信度和权威性。

**确定宣传目标**　新闻宣传的目标可以是提升品牌知名度、树立品牌形象、增强消费者信任感、推广新产品等。在写作前需要明确目标，以便于确定宣传的角度和重点。

**输入新闻素材**　要输入的新闻素材可以是品牌信息，也可以是关于品牌的具体案例。

**生成新闻内容**　将上述内容统一输入 ChatGPT。

**提 问**

现在请以知之报社记者的身份进行写作，根据以下素材写一篇可口可乐品牌的新闻推广文案，以树立品牌形象为主要目的，增强消费者的信任感。素材：在迪拜，有大量南亚的劳工，每天拿着 6 美元的微薄工资，对他们来说每分钟 0.91 美元通话十分奢侈；为了方便这些劳工，可口可乐公司开发了一款可以用可乐瓶盖当通话费的电话亭装置——"hello happiness"；用户只要投入一个瓶盖，即可获得免费 3 分钟国际通话时长。

**ChatGPT 回答**

标题：《可口可乐"Hello Happiness"电话亭，传递温暖与关怀》

知之报社记者：[你的姓名]

日期：× 年 × 月 × 日

近日在迪拜，有大量来自南亚的劳工，他们每天只能拿着微薄的 6 美元工资。对他们来说，每分钟 0.91 美元的通话费用显得十分奢侈。然而，可口可乐公司近日推出了一项令人振奋的举措，为这些劳工带来了实实在在的帮助。

**"Hello Happiness" 电话亭：瓶盖换通话费**

可口可乐公司推出了一款名为 "Hello Happiness" 的电话亭装置，为南亚劳工提供了一种经济实惠的通信方式。只要投入一个可乐瓶盖，他们就可以获得免费的 3 分钟国际通话时长。这个简单而贴心的举措，让远离家乡的劳工们可以更加方便地与家人取得联系，分享生活中的点滴喜悦。

**品牌形象树立：可口可乐的关怀之心**

这项 "Hello Happiness" 电话亭项目不仅方便了劳工们的通信，更体现了可口可乐公司对社会的责任感和关爱之心。通过这个项目，可口可乐公司以实际行动践行了企业社会责任，让人们感受到了这个全球品牌的温暖和关怀。

**助力信任建立：品牌与消费者的心灵契合**

"Hello Happiness" 电话亭的推出，不仅仅是一项实用的举措，更是可口可乐公司与消费者之间心灵契合的体现。通过这个项目，可口可乐公司向全球传递了一个美好的愿景：让每一个人都能够享受到幸福和快乐。

**展望未来：可口可乐公司持续践行社会责任**

"Hello Happiness" 电话亭只是可口可乐公司持续践行社会责任的一个缩影。相信在未来，可口可乐公司将继续通过创新和关怀，为全球社会做出更多有意义的贡献，让更多人能够享受到"可口可乐"的幸福和快乐。

以上为报道内容，知之报社记者［你的姓名］报道。

**优化生成内容**　在完成新闻稿件后需要进行润色修改，使其更加符合媒体发布的要求和品牌形象。

## 品牌故事类营销文案

品牌故事类营销文案主要是通过讲述品牌历史、创始人的经历、品牌的理念和文化等传达品牌信息、增强品牌形象和培养消费者情感连接的文案。此类文案的写作流程如下。

设定写作身份　输入品牌信息　确定故事主题　生成故事内容　润色故事内容

**设定写作身份**　根据品牌故事的类型和目的，可以选择不同的写作身份，如创始人自述、家族成员口述、历史学家撰写等。使用不同的身份，能够从不同的角度出发，增强故事的真实性和可信度。

**输入品牌信息**　与上述通用类营销文案相同，此处不再赘述。

**确定故事主题**　在写作前需要明确故事的主题和目的。例如，传达品牌的历史和文化，展示创始人的创业经历和品牌理念，培养消费者的情感连接，等等。

**生成故事内容**　将上述内容统一发给 ChatGPT。

**提问**

假设你是华为品牌的创始人，请你根据以下华为品牌的信息："华为是全球领先的 ICT（信息通信技术）基础设施和智能终端提供商，致力于把数字世界带入每个人、每个家庭、每个组织，构建万物互联的智能世界"，以"华为品牌的创业之路"为主题，撰写一篇品牌故事，展示创始人的创业经历和对品牌的理念。

**ChatGPT 回答**

### 华为品牌的创业之路

我是华为的创始人。在创办华为之初，我就怀揣着一个梦想：将数字科技融入每个人的生活，让世界变得更加智能和便利。

起初，我们只是一群热爱科技的年轻人，怀揣着对未来的信仰和憧憬。我们努力钻研技术，孜孜不倦地探索 ICT 基础设施领域。在困难和挫折面前，我们坚持不懈，相信只要坚持下去，就能够取得成功。

随着时光的推移，华为逐渐崭露头角，成为全球领先的 ICT 基础设施和智能终端提供商。我们将数字世界带入了每个人、每个家庭、每个组织，构建了万物互联的智能世界。

我们的团队像一支默契无比的乐队，每个成员都在发挥着自己的专长，共同演奏着成功的乐章。我们不仅在技术上不断突破，也始终秉持着"以客户为中心"的理念，倾听用户需求，为用户提供最优质的产品和服务。

华为的发展历程充满了坎坷与辉煌，但每一次挫折都是我们成长的契机，每一次成功都是我们前行的动力。我们坚信，只要我们不忘初心，不断创新，就能够构建一个更加智能、便捷、美好的数字世界。

今天，华为已经成为全球知名品牌，但我们始终保持着初创时的那份激情和创业精神。我们将继续努力，不断创新，为全球用户提供更好的产品和服务，让华为的品牌故事在世界各地传扬开来，为构建万物互联的智能世界贡献我们的力量！

**润色故事内容**　在完成初稿后需要进行润色修改，使其更加符合品牌形象和宣传需要。

## 3.3　新媒体文案

新媒体文案是指在新媒体平台上进行传播的文字内容。因为新媒体平台的用户普遍年轻化，所以在创作新媒体文案时需要更加注意情感化、年轻化和互动性。

在使用 ChatGPT 创作新媒体文案时，我们要注重文案的选题，以及根据不同平台的特点进行特色化创作。

运用 ChatGPT 创作新媒体文案的流程，大致可以分为以下步骤。

## 微信公众号文章

**设定身份** 在开始前，我们需要给 ChatGPT 设定一个角色，让 ChatGPT 更好地理解我们接下来要完成的工作。

**明确选题** 选题是一篇文章的核心和灵魂，我们可以通过关键词、背景设定，或者一段来自官方的新闻，明确文章的选题。

**指定平台** 不同的平台有不同的受众和用户群体，所以我们可以给 ChatGPT 指定平台完善一篇新媒体文案。

**生成文案** 我们将上述内容统一输入 ChatGPT。

提问

近日，有新闻报道，全球平均气温再创新高。而你是一位优秀的作者，请以此为背景，写一篇新闻评论稿，并发布在微信公众号上。

附：据快乐日报报道，近期，快乐星球气象组织发布报告，8018 年全球平均气温再创新高，连续三年超过工业化前水平。气候变化导致海平面上升、极端天气事件增多、冰川消融。这些问题的加剧对全球各地的生态系统、农业、水资源和人类健康造成了严重影响。据报道，每年有数百万人因空气污染而死亡。人类活动导致了大量物种的灭绝和生态系统的破坏，这将对快乐星球的生态平衡和人类福祉产生深远影响。针对这些问题，各个国家和地区正在积极采取行动，以减缓气候变化和保护环境。例如，一些国家正在大力推广清洁能源，减少对化石燃料的依赖；一些地区正在采取措施保护自然生态系统，减少人类活动对生态系统的破坏；一些组织和个人也在积极参与环保行动，推动全球环境治理的进步。

## ChatGPT 回答

新闻评论：《气候危机：我们面临的挑战与希望》

近日，快乐日报报道了令人深思的消息：全球平均气温再次创下新高，连续三年超过了工业化前水平。这并不是一个简单的数字，而是我们面临的一场全球气候危机的最新警钟。气候变化不再是遥不可及的未来景象，它正在我们身边肆虐，威胁着我们的生活、健康和生态系统。

这个令人担忧的消息不仅仅是一组数字，更是对我们自身行为的警示。气候变化所引发的海平面上升、极端天气事件增多、冰川消融等现象，已经对全球各地的生态系统、农业、水资源和人类健康造成了严重影响。更令人痛心的是，每年有数百万人因空气污染而丧生，生态系统遭到破坏，物种灭绝的速度加快，这将对我们的星球带来何其深远的影响！

…………

**优化迭代**　如果 ChatGPT 的回答不够详细、可信度较低、缺少数据等，我们可以向 ChatGPT 提出进一步要求让其完善文章。

我们将文章复制出来以后，需要再对其进行一次人工编辑，去除一些机器化的语言风格即可。

## 小红书笔记

小红书笔记的生成提问方式与以上类似。与微信公众号不同的是，小红书更偏向于社交电商平台，其选题内容要与平台特色相契合。

**提问**

你是一名小红书博主，请以"面试注意事项"为题，写一篇小红书笔记，要有 Emoji 表情。

**ChatGPT 回答**

面试注意事项 ✦

嗨，亲爱的小红书小伙伴们！最近好多小伙伴私信问我关于面试的问题，所以我决定写一篇小红书笔记，分享一些面试的注意事项，希望对大家有帮助哦！

### 1. 穿着打扮

首次面试特别重要！记得选择一身得体的服装，展现出你的专业形象。可以根据公司文化选择适当的打扮，但一定要注意整洁、得体哦！

### 2. 提前准备

在面试前，一定要对公司进行充分的了解，了解他们的业务、文化和价值观。这样你就能更好地回答问题，展现出你对公司的热爱和认真程度。

### 3. 语言表达

在面试中，清晰的语言表达能力非常关键。要避免使用太多行业术语，用简洁明了的语言回答问题。记得流畅表达自己的思想，展现你的沟通能力。

### 4. 自信心态

保持自信心态非常重要！面试是展示你实力的机会，相信自己的能力，展现积极向上的形象。不要紧张，深呼吸，你一定能行！

### 5. 提问机会

面试不是单向的，记得在合适的时候提问。可以询问关于公司发展、团队文化等方面的问题，显示出你对公司的主动关注。

### 6. 谢意表达

面试结束后，一定要发一封感谢邮件表达你的感激之情。感谢他们的时间，并再次表达你对这个职位的热切期望。

## 头条号文章

今日头条是更偏向于新闻资讯类的平台。使用 ChatGPT 写头条号文章的提问方式也与以上类似，但选题要偏向新闻资讯类。

**提问**

你是一名经济学领域的自媒体创作者，请以"未来 3 年中国经济发展预测"为题，写一篇头条文章。

**ChatGPT 回答**

### 未来 3 年中国经济发展预测

中国的经济一直备受瞩目，尤其是在全球经济格局动荡不安的情况下。在未来的 3 年里，中国经济将面临一系列挑战和机遇。从宏观经济走势到产业结构调整，再到对外贸易与全球合作，本文将逐步深入探讨这些方面，以期为读者提供一份对未来中国经济发展的全面预测。

#### 宏观经济走势

首先，我们关注中国的 GDP 增速。预计未来 3 年，中国的 GDP 增速将保持中高水平。这一预测基于国内市场需求的提升、产业结构的优化升级以及创新驱动的发展，这将成为拉动经济增长的主要动力。

与此同时，消费升级将是未来的一大亮点。居民收入的增加和消费观念的转变将推动中国经历消费升级的阶段。高品质、个性化的消费品和服务将迎来更多市场份额，从而推动消费对经济的贡献进一步提升。

### 产业结构调整

其次，我们关注产业结构的调整。制造业升级将成为未来的关键课题。中国将加速推动制造业的升级换代，注重技术创新和智能制造。高端装备制造、新能源汽车、生物医药等将成为未来的重要发展方向。

数字经济也将是产业结构调整的亮点之一。人工智能、大数据、区块链等前沿技术的广泛应用将推动各行各业的数字化转型，为经济注入新的增长动能。

### 对外贸易与全球合作

在对外贸易与全球合作方面，中国将迎来更多的变革。自主创新将是未来的关键课题。中国将继续加大自主创新力度，提高科技自主可控能力，减少对进口的依赖，提升国际竞争力。

与此同时，中国将积极参与全球经济治理体系的建设，推动多边贸易体制的发展，通过深化与各国的合作促进共同发展。

### 风险与挑战

然而，我们也不能忽视未来中国经济发展所面临的风险与挑战。国际贸易不确定性、金融市场波动、社会结构调整等问题需要谨慎应对。

总体而言，未来 3 年中国经济发展将在稳中求进的总基调下，通过改革开放、创新驱动等手段实现高质量发展。这需要政府、企业和社会各界的共同努力，共同推动中国经济迈向更加繁荣的未来。

以上只是对未来 3 年中国经济发展的一些初步预测，实际情况可能会受到多种因素的影响，希望大家密切关注经济动态，做出明智的决策。如果您对未来经济发展有更多的见解或想法，欢迎在评论区分享！

## 知乎文章

知乎是一个专业性较强、内容干货偏多的平台。对专业知识不够丰富的创作者来说，想写知乎文章似乎是一件颇有难度的事情。但有了 ChatGPT 的帮助，我们也可以轻松地写出干货满满的文章。使用 ChatGPT 写知乎文章的提问方式与以上类似，但选题和内容要更具专业性。

### 提问

你是一位知乎作者，请以"中国新能源行业的未来发展方向"为题，写一篇专业性较强的知乎文章。

### ChatGPT 回答

标题：《中国新能源行业的未来发展方向》

在全球能源转型的大背景下，中国新能源行业迎来了前所未有的发展机遇。面对气候变化和能源安全等挑战，中国正积极推动新能源技术的研发和应用。本文将深入探讨中国新能源行业未来的发展方向，涉及技术创新、政策引导以及市场趋势等方面。

**1. 技术创新与研发**

1.1　光伏技术

光伏技术一直是中国新能源领域的研发重点。未来，随着光伏技术的不断突破和成本的降低，光伏发电将更加普及。新型材料、高效太阳能电池技术以及光伏系统集成将成为新的技术突破点。

1.2　储能技术

储能技术是解决可再生能源波动性的重要手段。未来，中国将加大对储能技术的研发力度，包括提高储能效率、降低成本、延长寿命周期等方面。电池技术、超级电容技术以及热能储能技术都将成为未来的研究热点。

**2. 政策引导**

2.1　能源政策

中国政府一直在积极推动绿色能源发展，未来将继续制定和完善相关政策，包括提高新能源发电比例、推动能源消费革命、鼓励能源互联网发展等。政策引导将为新能源企业提供更多的市场机遇和支持。

2.2　环保政策

随着环保意识的提升，未来将有更多的环保政策推动新能源的发展。减少碳排放、推动清洁能源应用等方面的政策将成为企业发展的重要驱动力。

### 3. 市场趋势

3.1　智能化与"互联网 +"

未来新能源行业将更加智能化，互联网技术的广泛应用将推动能源产业的数字化转型。智能电网、智能储能系统等将成为市场的热门产品。

3.2　分布式能源

分布式能源将成为未来能源系统的重要组成部分。太阳能、风能等分布式能源将更好地满足城市和乡村的能源需求，提高能源利用效率。

### 4. 结语

中国新能源行业未来的发展方向既包括技术创新，也需要政策引导和市场趋势的支持。企业应当抓住机遇，加强研发和创新，顺应政策导向，灵活应对市场变化。同时，新能源从业者需要不断学习和适应行业发展，为中国的能源转型贡献力量。

## 短视频脚本

与常规的文本文案不同，短视频因为其时长限制，文案要精练简洁，突出主题，在有限的篇幅内将故事情节或要表达的内容都表达清楚。

用 ChatGPT 创作短视频脚本时，我们要注意阐述清楚时长，明确需要讲述的故事、需要表达的内容以及脚本的风格取向。这样才能让 ChatGPT 充分理解我们的需求，创作出符合要求的脚本。

## 提问

你是一名优秀的短视频脚本作者，现在需要为一个时长约 3 分钟的短视频编写文案，主题为"宠物狗咬人事件频发，如何防止宠物狗咬人"，风格需要严肃一点。

## ChatGPT 回答

当代社会，宠物狗咬人事件时有发生，引发了广泛关注。为了维护社会和谐，确保公共安全，我们有责任了解并采取措施防止发生宠物狗咬人的事件。以下是一份关于如何预防宠物狗咬人的重要文案。

标题：《宠物狗咬人，责无旁贷的防范手册》

导言：近年来，宠物狗咬人事件频发，给社会安宁带来不小的挑战。为了建设安全的社区环境，每个宠物主人都有责任采取积极措施，防范宠物狗咬人事件的发生。

…………

结语：防止宠物狗咬人事件是每个宠物主人的责任。通过了解宠物行为、培养良好的行为习惯、社交化训练、合理使用保护措施以及及时寻求专业帮助，我们可以共同创造一个安全、友善的社会环境，让宠物与人类和谐共处。

这份文案旨在提醒宠物主人关注并采取积极的措施，预防宠物狗咬人事件的发生，确保社会的和谐与安宁。

# 3.4　演讲稿

　　演讲稿是一位演讲者在演讲之前准备的讲话文稿。一篇好的演讲稿可以使演讲者更加自信和从容。

　　用 ChatGPT 写演讲稿时，要先设定好身份和场合，以及需要的风格，从而得到更符合我们需求的演讲稿。用 ChatGPT 创作演讲稿的流程，大致可以分为以下几个步骤。

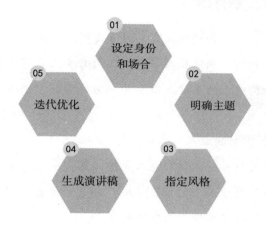

**命题演讲**

　　**设定身份和场合**　明确身份和场合，可以让 ChatGPT 更好地理解我们接下来要做的事情。

　　**明确主题**　演讲的主题很重要。如果主题不明确，会导致我们的演讲没有重心和关键。所以，我们需要向 ChatGPT 声明演讲主题，使演讲稿的内容拥有主心骨。

**指定风格**　演讲风格往往决定了整场演讲的效果，我们可以向 ChatGPT 指定一篇演讲稿的风格。

**生成演讲稿**　我们将上述内容输入 ChatGPT。

**提问**

马上就到毕业典礼了，你作为这一届的优秀毕业生，需要在全校师生面前进行一场主题为"未来的机遇和挑战"的演讲，风格偏向诙谐幽默，请为此准备一篇演讲稿。

**ChatGPT 回答**

尊敬的校领导、亲爱的老师们、亲爱的同学们：

大家好！

首先，我要感谢校方给我这个难得的机会，让我站在这里，与大家分享一些我对未来的想法。毕业典礼对我们来说是一个庄严而激动人心的时刻，但同时也是一个充满未知的时刻。我们将踏上新的旅程，迎接新的机遇和挑战。

说到未来，我想起了一位哲学家的话："人生就像一盒巧克力，你永远不知道下一颗是什么味道。"确实，未来就像一盒充满惊喜的巧克力，我们永远不知道下一颗会是什么滋味。但是，正是这种不确定性赋予了我们无限的可能性。就像我们刚刚走出校门，迎接未来，我们将面对各种各样的机遇和挑战。

…………

最后，让我们一起笑对未来，用幽默的态度面对生活的种种挑战。相信自己，相信未来，让我们勇往直前，创造属于我们自己的美好未来！

谢谢大家！

**优化迭代**　虽然演讲稿已经生成，可能还是会有很多内容不符合我们的预期，我们可以进一步向 ChatGPT 提出要求，不断完善演讲稿。

## 即兴演讲

即兴演讲具有及时性、灵活性等特征。与命题演讲不同，即兴演讲无法完全依靠演讲稿，需要更多即兴发挥的内容。但我们依旧可以提前根据自己的身份、场景和话题，让 ChatGPT 为我们从多个角度准备思路，方便我们更加灵活地即兴发挥。

**提问**

周末有一场关于中国半导体行业发展的研讨会，你作为参会专家，需要进行相关专题的即兴演讲。请根据会议专题，从不同的角度提供几篇演讲稿。

**ChatGPT 回答**

演讲稿一：半导体行业的历史与现状

尊敬的各位专家、学者和与会嘉宾：

大家好！

首先，我非常荣幸能够在这个重要的研讨会上与大家分享关于中国半导体行业的发展。半导体技术是现代科技的基石，它的发展不仅关系到我们的日常生活，更是国家经济发展的关键所在。

············

谢谢大家！

演讲稿二：半导体技术与智能时代的融合

尊敬的各位专家、学者和业界同人：

大家好！

今天，我想与大家分享的是半导体技术与智能时代的融合。随着人工智能的快速发展，半导体技术作为人工智能的支撑，正发挥着越来越重要的作用。从智能手机到智能家居，从自动驾驶汽车到工业自动化，半导体技术的应用无处不在。

············

谢谢大家！

演讲稿三：半导体行业的可持续发展与绿色技术创新

尊敬的各位专家、学者、业界同人：

大家好！

我很荣幸能够在这个研讨会上与大家共同探讨半导体行业的可持续发展和绿色技术创新。随着全球环境问题的日益突出，绿色技术创新已经成为半导体行业发展的重要方向。半导体制造过程中的化学物质使用和能源消耗是环境污染的主要源头。因此，我们需要加大力度，推动绿色材料的研发和应用，减少对环境的影响。同时，在能源利用方面，我们可以探索太阳能、风能等可再生能源在半导体制造中的应用，降低能源消耗，减少碳排放。

…………

谢谢大家！

## 辩论演讲

辩论演讲有点类似于即兴演讲，但又略有差异。辩论演讲的核心是驳斥对方的论点。所以，我们在用 ChatGPT 准备辩论演讲稿时，不仅要声明即兴的特性，而且要让 ChatGPT 按照对方可能提出的论点进行驳斥，并为我们的论点提供更多的佐证，提高我们辩论获胜的概率。

**提问**

我即将参加一个主题为"老年电动车是否需要全部取缔"的辩论赛。作为反方辩手，我的论点是"老年电动车不应该全部取缔"。请帮我写几篇辩论演讲稿，驳斥对方辩手可能提出的论据和观点。

**ChatGPT 回答**

辩论演讲稿一：维护老年人的基本出行权利，老年电动车不应该全部取缔。

尊敬的评委、各位观众：

我代表反方，我们坚信老年电动车不应该全部取缔。老年电动车在许多老年人生活中扮演着重要角色，它是老年人基本的出行工具，有助于他们保持社交活动、参与社区生活。因此，我们主张在确保安全的前提下，维护老年人的基本出行权利，不应该全面取缔老年电动车。

…………

因此，我们呼吁，在加强管理的同时，保护老年人的基本出行权利，不应该全面取缔老年电动车。谢谢！

———◆———

辩论演讲稿二：老年电动车是老年人的需求和权利，应该得到尊重。

尊敬的评委、各位观众：

我代表反方，我要为老年电动车的合法使用权辩护。老年电动车作为老年人的主要交通工具，满足了他们的日常出行需求，我们认为不应该将其全部取缔。老年电动车不仅是老年人的需求，更是他们的基本权利，我们应该为他们提供方便和保障。

…………

因此，我们主张在保障交通安全的前提下，尊重老年人的需求和权利，不应该全部取缔老年电动车。让我们共同努力，为老年人提供更好的生活条件，创造一个更加和谐、包容的社会。谢谢。

━━━━━━━━━◆━━━━━━━━━

辩论演讲稿三：老年电动车是老年人自由出行的必需工具。

尊敬的评委、各位观众：

我代表反方，我们坚信老年电动车是老年人自由出行的必需工具，不应该全部取缔。老年电动车为老年人提供了便利，满足了他们日常出行的需求，我们应该尊重他们的选择，保障他们的基本交通权利。

…………

因此，我们主张在加强管理的同时，保障老年人的基本出行权利，不应该全面取缔老年电动车。让我们共同努力，创造一个更加和谐、包容的社会。谢谢。

# 3.5　活动策划

活动策划案是活动组织者的指南，用于保证活动的顺利进行。活动策划案不仅可以为活动组织者提供执行标准，同时也可以让参与者更加清晰地了解活动内容和要求。

由于活动策划案本身的复杂性，我们用 ChatGPT 帮助撰写活动策划案时，需要进行更加详细的设定和资料"投喂"，从活动的时间、地点、参与者、目的到预算等各方面都要陈述完整。用 ChatGPT 创作活动策划案的流程大概可分为以下几个步骤。

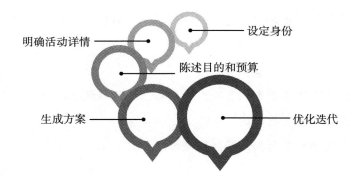

## 营销主导型

**设定身份**　让 ChatGPT 知道你的身份，如活动组织者、策划师等。

**明确活动详情**　包括但不限于活动时间、地点及参与者。

**陈述目的和预算**　活动的目的是举办活动的核心原因，预算则决定了活动的规模。

**生成方案**　我们将上述内容输入 ChatGPT。

提问

你是一名优秀的活动组织者，将于元旦在春天广场面向民众举办一场销售产品的营销主导型活动，主要目的是产品营销推广，预算 10 万元，请写一份活动策划案。

ChatGPT 回答

活动名称：春天广场元旦大促销

活动时间：2023 年 1 月 1 日上午 10 时至下午 6 时

活动地点：春天广场

**活动目标**

1. 吸引更多顾客到春天广场购物，增加销售额。

2. 提高春天广场的品牌知名度和声誉。

3. 为顾客提供高质量的购物体验，提升客户满意度。

**预算分配**

物料采购（包括横幅、宣传单、购物袋等）：2 万元

节目表演和娱乐活动（包括音乐、舞蹈表演等）：3 万元

促销活动和折扣优惠：4 万元

安保和医疗急救服务：1.5 万元

员工工资和奖金：0.5 万元

**活动策划**

1. 前期宣传（预计花费：1 万元）

…………

2. 促销活动和折扣（预计花费：4 万元）

…………

3. 娱乐活动和节目表演（预计花费：3 万元）

…………

4. 安保和医疗急救服务（预计花费：1.5 万元）

…………

5. 员工培训和奖金（预计花费：0.5 万元）

…………

6. 活动后期总结和客户反馈（预计花费：0.5 万元）

············

**活动预期效果**

1. 春天广场当天的销售额至少增加 20%。

2. 吸引至少 1 万名顾客参与活动，提高春天广场的知名度。

3. 提供愉快的购物体验，提升客户满意度，促使客户再次光顾。

通过以上策划方案，我们将确保活动的顺利进行，并在元旦这个特殊日子里为顾客提供难忘的购物体验，提高春天广场的品牌价值和美誉度。

## 传播主导型

传播主导型活动与营销主导型活动相反，是以品牌传播为主、盈利销售为辅，更注重媒体形象。

传播主导型的活动策划案生成方式与以上类似，只是在活动目的上需要修改。

提问

你是一名优秀的活动组织者，将于元旦在春天广场面向民众举办一场品牌推广的传播主导型活动，要以品牌传播为主，打造一个极具知名度与美誉度的品牌形象，预算 10 万元，请写一份活动策划案。

## ChatGPT 回答

活动名称：元旦品牌传播盛典

活动目标：通过在春天广场举办一场精彩而独特的元旦品牌传播盛典，提升品牌知名度、美誉度，吸引目标受众，以及促进产品销售。

活动时间：2023 年元旦

活动地点：春天广场

预算：10 万元

### 活动策划

**1. 主题设计**

以"新年新我，共创辉煌"为主题，强调品牌与消费者共同成长，传递品牌正能量。

**2. 活动内容**

设立品牌展示区，展示产品特色和品牌历程，让消费者更深入了解品牌文化。

制作品牌宣传册，赠送给参与活动的消费者。

·············

**3. 媒体合作**

本地电视台直播：与本地电视台合作，进行现场直播，扩大活动影响力。

·············

**4. 赞助与合作**

地方企业合作：与当地商家合作，推出联名产品或活动，共同分享品牌资源。

............

**5. 安全与服务**

安全措施：针对活动场地和参与人数，制订详细的安全计划，确保活动顺利进行。

............

**6. 活动评估**

制定详细的活动评估表，收集参与者的反馈意见。

分析线上线下活动数据，评估活动的知名度提升、社交媒体曝光等指标。

**7. 活动效果预期**

通过以上策划，预期在元旦活动中实现品牌知名度的提升，拉近品牌与消费者的距离，建立积极的品牌形象。同时，通过媒体合作和社交媒体推广，将活动传播到更广泛的受众中，取得品牌传播的主导地位。

注：活动策划需要根据实际情况进行调整，确保活动顺利实施。

## 综合型

这种活动策划凝聚了各方特点，集传播、营销、娱乐于一体。综合型的活动策划案生成方式与以上类似。

提问

你是一名优秀的活动组织者，将于元旦在春天广场面向民众举办一场欢庆元旦的品牌展销活动，预算 10 万元，请写一份活动策划案。

ChatGPT 回答

**活动名称：** 春天广场元旦品牌展销活动

**活动日期：** 2023 年 1 月 1 日

**活动地点：** 春天广场

**活动预算：** 10 万元

**活动背景**

元旦是一个重要的节日，人们通常会选择购物来庆祝。我们计划在春天广场举办一场独特的品牌展销活动，吸引更多顾客，同时提升参与品牌的知名度和销售额。

**活动目标**

1. 吸引顾客：增加活动现场的客流量，吸引至少 5000 名顾客参与活动。

2. 提升品牌认知度：提高参与品牌在市场中的知名度，让更多人了解品牌故事和特色。

3. 促进销售增长：实现当日销售额达到 10 万元以上，提高销售业绩。

**活动内容与安排**

1. 品牌展位（10：00 AM—8：00 PM）

- 参与品牌展示：邀请当地及知名品牌参与，提供展位进行产品展示和销售。
- 特色产品介绍：定时在舞台上进行品牌推介，介绍特色产品和优惠活动。

2. 互动体验区（10：00 AM—8：00 PM）

- 试用体验：提供免费试用区域，让顾客亲身体验产品。
- 互动游戏：设计有奖问答、抽奖等互动游戏，吸引顾客参与。

3. 特色活动（2：00 PM—6：00 PM）

- 时装秀：安排品牌时装秀，展示最新款式，吸引时尚爱好者。
- 美食品鉴：邀请当地特色餐厅提供美食品鉴活动，增加活动趣味性。

**费用分配**

1. 品牌展位：6 万元

- 摊位租金：5 万元
- 装饰布置：1 万元

2. 互动体验区：2 万元

- 产品采购：1.5 万元
- 互动游戏奖品：0.5 万元

3. 特色活动：1.5 万元

- 时装秀策划及演员费用：1 万元

- 美食品鉴活动费用：0.5 万元

4. 宣传和广告：0.5 万元
- 印刷宣传品：0.2 万元
- 社交媒体广告：0.3 万元

**活动宣传**

1. 制作吸引人注意的宣传海报，张贴于春天广场及周边区域。

2. 利用社交媒体平台进行宣传，发布活动信息、亮点和优惠，吸引网友关注和转发。

3. 邀请本地媒体、部分社交媒体达人进行现场报道和宣传。

**活动保障**

1. 安排专业保安团队，确保现场秩序井然，保障参与者的安全。

2. 提供医疗急救点，应对突发状况。

3. 配备工作人员负责活动现场引导和咨询服务。

**结语**

通过这次元旦品牌展销活动，我们将为顾客带来一场购物与娱乐的盛宴，同时为参与品牌提供一个展示和销售的平台。感谢各方的支持与合作，让我们共同为新的一年开启商业新篇章，为市民奉上一份独特的元旦礼物！

# 3.6　通知、邀请函

通知、邀请函是个人和组织日常工作生活中常见的一种书信形式，通常用于正式场合和公开事务。当我们用 ChatGPT 创作函时，需要明确发函的主题、面向的群体及内容。

我们以 ChatGPT 为例，了解如何用 ChatGPT 帮助写通知、邀请函，写作时可以参考以下流程。

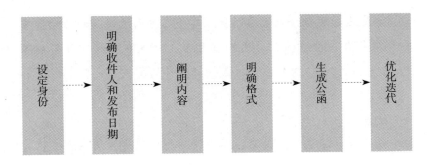

## 通知函

通知函是向相关人员发布通知的一种函件，它通常用于发布组织内部的重要通知、规章制度、工作安排等内容。

**设定身份**　设定身份可以让 ChatGPT 更好地理解接下来要做的工作。

**明确收件人和发布日期**　通知函需要有明确的收件人和发布日期，才能让 ChatGPT 了解通知函要什么时候写、写给谁。

**阐明内容**　公函的内容很关键，收件人必须通过公函内容了解通知事宜。ChatGPT 也必须了解公函内容才能创作公函。

**明确格式**　不同的企业和个人在公函格式的要求上都会有细微的差别，我们需要根据自身的需求明确公函的格式，让 GhatGPT 按照我们的目标格式进行写作。

**生成公函**　将上述内容分步或统一输入 ChatGPT。

你是遥遥领先公司的总经理，需要在今天晚上 7 点给全体中层干部发送一封通知函，通知明天早上 9 点在会议室开会的事宜。请就此写一份通知函，格式参考附件的公函。

附：

各部（室）：

根据工作需要，经公司研究，决定进行中层干部培训。现将有关事宜通知如下。

一、时间：20××年 4 月 18 日—4 月 20 日

二、地点：名门国际 26 楼会议室

三、参加人员：项目总监（负责人）、总监代表等

四、培训内容及安排

1. 中层干部培训（4 月 18 日 10：00 —17：00）

2. 团队建设活动（4 月 19 日—4 月 20 日）

五、要求

1. 请参加人员安排好项目工作，按要求准时参会，不得无故缺席。

2. 服从组委会的安排，遵守会场纪律，不得中途退场。

3. 要求参加人员于 4 月 18 日 9：30 到达会场，综合办公室组织签到。

×× 公司

20××年 ×× 月 ×× 日

### ChatGPT 回答

各位同事：

根据公司的研究和工作需要，我们决定进行一次中层干部培训，以进一步提升我们的管理水平和团队协作能力。以下是有关的详细信息。

一、时间

20××年4月18日（星期五）上午9：00至下午5：00

二、地点

名门国际26楼会议室

三、参加人员

项目总监（负责人）、总监代表等中层干部

四、培训内容及安排

1.中层干部培训（4月18日，上午9：00—下午5：00）

2.团队建设活动（4月19日—4月20日）

五、要求

1.请各位参加人员务必安排好项目工作，按要求准时参加，不得无故缺席。

2.请服从组委会的各项安排，遵守会场纪律，不得中途退场。

3.要求参与人员于4月18日上午8：30到达会场，综合办公室将组织签到。

请大家提前做好准备，确保能够全程参与并积极互动。这次培训旨在加强我们的管理技能，拓展我们的业务视野，也是一个相互学习、交流经验的机会。我们相信，通过大家的共同努力，这次培训会为我们带来更多的启示和收获。

如果在培训前有任何疑问，请随时联系我们的综合办公室。谢谢大家的合作与支持！期待在培训上见到大家，共同度过一段充实而富有成效的时间。

顺祝商祺！

[你的名字]

××公司总经理

**优化迭代**　接下来，我们需要仔细检查 ChatGPT 生成的通知函格式和内容等方面是否符合我们的要求，如有错误，可继续引导其给出正确信息，或者复制文本亲自修改。

## 邀请函

邀请函是向他人发出邀请的函件。在用 ChatGPT 撰写邀请函时，应更注重表达邀请的诚意，并清楚地说明目的和重要性。

> **提问**

你是王小明，将于 2023 年 12 月 12 日下午 5 点在华庭大酒店与李小华举办婚宴。这是你的人生大事，你要邀请你的亲朋好友来参加你们的婚礼。请写一份邀请函，表达你们诚挚的邀请。邀请函的格式参考附件。

附：

亲爱的朋友们：

公历 20×× 年 ×× 月 ×× 日

谨订于（星期 ×）

农历 20×× 年 ×× 月 ×× 日

为 ×× 先生和 ×× 小姐举行结婚典礼敬备喜筵！恭请 ××

先生以及家属光临！

20×× 年 ×× 月 ×× 日

## ChatGPT 回答

亲爱的朋友们：

公历 2023 年 12 月 12 日

谨订于（星期二）

农历 2023 年十月三十日下午 5 点在华庭大酒店

为王小明先生和李小华小姐举行结婚典礼敬备喜筵！恭请

×× 先生以及家属光临！

…………

期待您的光临，与您共同分享我们的幸福时刻。衷心感谢！

此致

敬礼

王小明

2023 年 12 月 1 日

## 声明函

声明函是向社会公众和组织公开发表声明的一种函件。在用 ChatGPT 撰写声明函时，我们应更加清晰地表达立场和观点，避免出现歧义和误解。

**提问**

你是理想汽车的公关部员工，现在要代表公司写一封声明函，澄清此前理想汽车事故中的疑点和发生原因，并声明事故不是理想汽车的责任，而是车主疲劳驾驶所致。声明函格式参考附件。

附：

致：×××

本公司就贵司开展 × 项目业务侵权一事，特函告如下。

一、我司仅与贵司达成 × 项目初步合作意向，并未就该项目签署任何正式法律文件。因此，贵司无我司相关业务的经营资格。

二、据调查，贵司在未获得我司授权的情况下，擅自展开相关业务的渠道建设及推广，严重扰乱我司经营秩序。

三、贵司在上述业务推广中擅自以我司名义采用不实宣传等手段恶意误导消费者，严重侵犯我司名誉。

据此，我司认为，贵司未经许可，擅自开展我司业务，涉嫌侵犯我司经营权；同时，贵司在业务推广中擅自使用名称"联通"等字样虚假宣传，恶意误导公众，涉嫌侵犯我司名营权。贵司的行为已经对我司正在进行的市场推广计划及公司形象造成了恶劣的负面影响，并由此带来了巨大的经济损失。

鉴此，我司声明如下。

一、贵司应当自收到本函之日起，立即停止与我司产品推广相关的一切商业行为。

二、贵司应立即停止不实宣传，清除已经投放于网络及各平面媒体的宣传广告。

三、贵司应当于 20××年 6 月 24 日前，对有关情况做出书面说明，并制定解决方案，函告我司。

四、我司保留通过法律手段（包括但不限于申请诉前禁令、提起诉讼、请求行政机关查处等）追究贵司法律责任的权利。请贵司慎重考虑，谢谢合作！

×××有限公司都市分公司

### 声明函

我们在此向所有理想汽车的合作伙伴和用户，就近期一起理想汽车事故做出如下声明。

**一、事故概述**

近期，一起理想汽车事故引起了公众的广泛关注，我们对此表示理解。我们始终将用户安全放在首位，一直以高标准、严要求的态度对待每一位用户，提供安全、可靠的产品和服务。

## 二、事故原因调查

经过公司技术团队对事故车辆的详细分析，我们发现该事故的主要原因是车主在行驶过程中过度疲劳驾驶，而并非理想汽车本身的质量问题或技术故障。我们对车主表示深切的同情，并承诺全力配合相关部门进行进一步的调查。

…………

## 六、对合作伙伴的承诺

我们将与合作伙伴共同推动电动汽车产业的发展，为环保出行贡献力量。我们将继续加强与合作伙伴的沟通和合作，共同提升产品质量和服务水平。

感谢广大用户和合作伙伴对理想汽车的信任和支持。我们将一如既往地为用户和合作伙伴提供优质的产品和服务，共同推动电动汽车产业的发展。

理想汽车公司

××××年××月××日

## 第 4 章

# 工具类写作

## 4.1　周报总结

周报总结类内容的特点主要在于其客观性、具体性和综合性。这类写作旨在及时跟进和反馈一周的工作进展和成果，梳理问题和挑战，提出改进措施和发展建议，为后续工作提供参考和指导。

我们在使用 ChatGPT 写周报总结类内容时，要用具体的数据和事实呈现工作进展及成果，并按照一定的格式和规范进行书写，包括标题、日期、正文等部分，以便更好地呈现信息和内容。

对于一般的周报总结，以 ChatGPT 为例，我们可以按照以下流程写作。

**设定写作身份**　首先，我们要让 ChatGPT 知道以什么样的身份进行周报总结的创作。我们可以根据自身实际的职位给 ChatGPT 设定身份，如文化传媒公司的项目经理等。

　　**输入工作内容**　然后，我们需要向 ChatGPT 输入具体的工作内容。这些内容通常包括项目进展、任务完成情况、遇到的问题和解决方案等，要尽可能具体和详细，以便 ChatGPT 能够准确地理解工作情况。

　　**生成周报总结**　对于输入的工作内容，ChatGPT 会根据其训练数据和算法生成一份周报总结。在这个过程中，ChatGPT 会尽可能用具体的数据和事实来呈现工作进展和成果。

**提问**

　　假设你是活动策划公司的一名策划人员，请根据以下内容写一份周报总结：本周我们共策划了 5 场活动，其中 2 场活动已经顺利举办，另外 3 场活动也在按计划推进中，预计下周能够全部完成。

**ChatGPT 回答**

**周报总结**

报告日期：2023 年 11 月 6 日

报告人：某活动策划公司策划

**本周活动策划总结**

　　本周我们共策划了 5 场活动，其中 2 场活动已经顺利举办，另外 3 场活动也在按计划推进中，预计下周能够全部完成。

### 已成功举办的活动

1. 活动名称 1

- 日期：2023 年 11 月 1 日
- 地点：×× 会议中心
- 主题：×× 主题活动
- 活动回顾：活动在预期内顺利进行，参与者积极参与，反馈良好。

2. 活动名称 2

- 日期：2023 年 11 月 3 日
- 地点：×× 酒店宴会厅
- 主题：×× 产品发布会
- 活动回顾：活动现场氛围热烈，媒体报道积极，客户反馈也非常正面。

---

### 进行中的活动

1. 活动名称 3

- 日期：2023 年 11 月 6 日
- 地点：×× 公园
- 主题：×× 户外体验活动
- 进展情况：目前所有准备工作均在按计划进行，场地布置、活动物资准备等工作已妥善安排。

2. 活动名称 4

- 日期：2023 年 11 月 7 日
- 地点：×× 会议中心

- 主题：××行业峰会
- 进展情况：各项会议议程和嘉宾邀请已经妥善安排，现场布置也在紧张进行中。

3. 活动名称 5

- 日期：2023 年 11 月 9 日
- 地点：××展览馆
- 主题：××展览会
- 进展情况：展览布置、参展商准备等工作正有条不紊地进行，预计能够如期举办展览。

---

**下周工作计划**

1. 完成并圆满结束本周进行中的 3 场活动，确保每一场活动顺利进行。

2. 开展对已举办活动的回顾总结，提炼经验教训，为未来的活动策划提供参考。

3. 着手新一轮活动的策划工作，包括客户需求确认、场地洽谈等前期准备工作。

4. 强化团队沟通与合作，保障各项工作的高效推进。

**优化生成内容**　在 ChatGPT 生成周报总结后，我们还需要根据实际情况对内容进行优化和调整。我们可以检查是否存在事实错误、逻辑错误或表述不当的地方，并进行修改和完善，最终目的是让周报总结更加准确、清晰和有条理。如果觉得直接生成的周报总结内容过于简单，我们也可以指定一个框架让 ChatGPT 生成周报。

## 4.2　面试简历

面试简历类内容的特点主要在于其针对性、简洁性和专业性。这类写作旨在通过简明扼要地呈现个人信息、教育背景、工作经验、技能特长等内容，吸引面试官的注意和兴趣，为争取面试机会提供支持和帮助。

以 ChatGPT 为例，对于一般的面试简历，我们可以使用以下写作流程。

**设定写作目标**　首先，我们要明确简历的写作目标，如求职、招聘、晋升等。根据不同的目标，ChatGPT 会根据其训练数据和算法生成相应的简历草稿。

**输入个人信息**　然后，我们需要向 ChatGPT 输入个人信息，包括姓名、联系方式、教育背景、工作经历等。输入的信息要尽可能准确和详细，以便 ChatGPT 能够准确地了解个人情况。

**生成简历草稿**　对于输入的个人信息，ChatGPT 会根据其训练数据和算法生成一份简历草稿。在这个过程中，ChatGPT 会尽可能地用具体的数据和事实呈现个人能力和经历。

## 提问

请以应届毕业生的身份写一份求职简历，以下是求职者的个人信息。

姓名：张三

性别：男

出生年月：1995 年 5 月

联系方式：138****8888

教育背景：本科 / ×× 大学 / 计算机科学与技术专业

工作经历：×× 公司 / 软件开发工程师 /2018 年 3 月至今

## ChatGPT 回答

### 简历

**个人信息**

- 姓名：张三

- 性别：男

- 出生年月：1995 年 5 月

- 联系方式：138****8888

- 邮箱：zhangsan@example.com

**教育背景**

- 本科 / ×× 大学 / 计算机科学与技术专业

- 毕业时间：2018 年 6 月

**工作经历**

- 公司：××公司
- 职位：软件开发工程师
- 时间：2018 年 7 月至今

**工作描述**

在××公司担任软件开发工程师一职，主要负责以下工作：

- 参与公司产品的设计、开发和维护；
- 负责需求分析和系统设计，参与制定技术方案和解决方案，保证项目按时高质量交付；
- 参与公司内部培训。

**项目经历**

- 项目一名称：××系统升级
- 项目描述：负责对公司现有系统进行升级优化，提高了系统的稳定性和性能。
- 职责：参与需求分析、技术选型和系统设计，负责核心功能的开发和单元测试。
- 项目二名称：××移动端应用开发
- 项目描述：开发了公司移动端应用，提升了用户体验和客户满意度。
- 职责：参与产品需求分析，负责部分模块的开发和测试工作。

**技能与特长**

- 编程语言：Java，C++，Python

- 开发工具：Eclipse，Visual Studio，PyCharm
- 数据库：MySQL，MongoDB
- 版本控制：Git
- 操作系统：Windows，Linux

**自我评价**

本人具备扎实的计算机科学与技术专业知识，对软件开发有着浓厚的兴趣。具备较强的逻辑思维能力和团队协作精神，善于解决问题，有良好的学习能力和自我驱动力。

**求职意向**

- 期望职位：软件开发工程师
- 期望行业：科技 / 互联网
- 期望薪资：面议

以上是张三的求职简历，如需进一步了解，请随时联系。

**优化生成内容**　在 ChatGPT 生成简历草稿后，我们还需要根据实际情况对内容进行优化和调整。我们可以检查是否存在事实错误、逻辑错误或表述不当的地方，并进行修改和完善，最终目的是让简历更加准确、清晰和有条理。

## 4.3　旅游攻略

旅游攻略类内容的特点主要在于其指导性和实用性。这类写作旨在为旅游者提供详细的旅游信息和建议，包括景点介绍、行程规划、食宿推荐、交通指南等，以便旅游者能够更好地了解和体验旅游目的地。

　　在使用 ChatGPT 书写旅游攻略类内容时，我们需要注意在书写时尽可能地准确、客观和详细，提供的信息和建议要实用、可行和有价值，以便旅游者能够根据攻略内容做出合理的规划。对于一般的旅游攻略，我们可以使用以下写作流程。

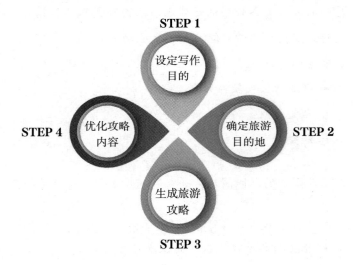

　　**设定写作目的**　　明确旅游攻略的写作目的是吸引读者、提供实用信息，还是展示旅游经验。根据不同的目的，我们可以调整攻略的写作风格和内容。

　　**确定旅游目的地**　　选择一个旅游目的地，可以是一个城市、一个景点或者一条旅游线路。根据不同的目的地，攻略的内容也会有所不同。

**提问**

请生成一份去新疆的旅游攻略。

**ChatGPT 回答**

目的地：新疆旅游攻略

## 一、行前准备

1. 证件

- 带上身份证、护照、驾驶证等必要证件。

2. 季节和气候

- 根据季节准备衣物，夏季注意防晒，冬季注意保暖。

3. 特色美食

- 了解当地特色美食，如羊肉抓饭、烤全羊、大盘鸡等。

## 二、交通与住宿

1. 交通

- 根据行程选择飞机、高铁或自驾前往。

- 新疆景点之间距离较远，建议提前规划好交通方式。

2. 住宿

- 新疆提供多种住宿选择，可根据预算和需求选择旅馆、酒店或民宿。

## 三、景点推荐

1. 乌鲁木齐

- 羊肉串、大巴扎、红山公园。

2. 喀纳斯

- 喀纳斯湖、月亮湾。

…………

### 四、特色体验

1. 草原之行

- 前往伊犁或巴音布鲁克草原，体验牧民生活，骑马、放羊。

2. 沙漠之旅

- 到库车或鄯善县，感受塔克拉玛干沙漠的壮美。

…………

### 五、注意事项

1. 尊重当地习俗和信仰，避免冒犯当地居民。

2. 注意高原反应，做好高原适应性训练，随身携带药品。

3. 注意安全，尊重自然环境，不随意破坏植被和动物栖息地。

希望你在新疆的旅行愉快，尽情享受这片美丽的土地带来的独特体验！

**生成旅游攻略**　根据收集到的资料制定一份详细的旅游攻略，包括游览计划、住宿推荐、美食推荐、购物推荐等。在制定攻略的过程中，需要注意攻略的实用性和可操作性。

**优化攻略内容**　在制定好攻略后，我们还需要对内容进行优化和调整，使其更加吸引人、更加实用。我们可以添加一些个人经历和感受，或者根据实际情况进行调整和完善，最终目的是为读者提供一份详细、实用的旅游指南。

## 4.4　内容脚本

内容脚本的特点主要在于其规范性和可操作性。这类写作旨在为读者提供明确、具体的指导和说明，以便读者能够操作或执行任务。

对于一般的内容脚本，我们可以使用以下写作流程。

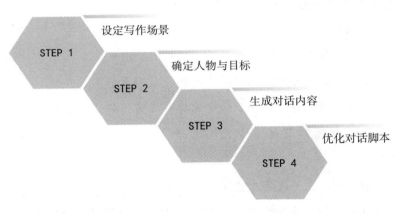

设定写作场景　STEP 1

确定人物与目标　STEP 2

生成对话内容　STEP 3

优化对话脚本　STEP 4

**设定写作场景**　为对话设定一个具体的场景，有助于让 ChatGPT 了解对话的背景和氛围。

**确定人物与目标**　确定参与对话的人物及他们的目标，有助于 ChatGPT 了解人物之间的关系及他们想要达到的目的。

**生成对话内容**　基于上述设定，ChatGPT 可以生成符合场景和人物目标的对话内容。

**提问**

一家咖啡馆里，朋友 A 和 B 正在聊天，他们的目标是进行一次轻松的交谈。请以此为背景写一条拍摄脚本。

**ChatGPT 回答**

场景：咖啡馆内，舒适的环境，柔和的灯光，轻松的音乐。A 和 B 坐在一张圆桌旁，手中拿着咖啡杯。

脚本：

（A 和 B 坐在桌前，微笑着，轻松的氛围中）

A：哇，这个咖啡馆真是个宝藏，氛围太好了。

B：是啊，我听说这里的咖啡特别好喝，而且环境也很轻松。

A：我经常路过，今天终于进来了。你最喜欢的咖啡是什么？

B：哦，我一般喜欢拿铁，带点香草味。

A：不错，我今天尝试了他们的拿铁，味道真的没得说。还有，你最近都在忙什么呢？

B：最近忙着工作，你懂的。但是这周末打算休息一下，也许去海边走走。

A：哇，听起来不错。我最喜欢海边了，总是觉得那里能给人一种宁静和放松的感觉。

B：对啊，海边的确有种不同寻常的治愈感。你最近有什么尝试过或者想要尝试的事情吗？

A：嗯，最近开始学了点瑜伽，觉得挺有趣的。你也可以试试，对身体和心灵都好。

B：瑜伽啊，听起来很不错。也许我真的该考虑一下，给自己点放松的时间。

A：是啊，有时候我们真的需要给自己一些轻松的时光。说起来，你最近有没有看一部好电影或者读一本好书？

B：最近看了一部很有趣的喜剧电影，叫《笑声不断》。挺逗的，你如果有时间可以看看。

A：好的，我记下了。最近我在读一本小说，真的是让人沉浸其中。看书真的是最好的放松方式。

（A 和 B 继续谈笑，气氛轻松）

**优化对话脚本**　在 ChatGPT 生成的对话内容的基础上，你可以根据需要进行调整和优化，以确保对话的流畅性和准确性。

## 4.5　要点总结

要点总结类内容的特点主要在于其简明扼要及概括性。这类写作旨在为读者提供关键信息，帮助读者快速了解和掌握某个主题或话题的核心内容。

在使用 ChatGPT 书写要点总结类内容时，需要注意在书写时尽可能准确、简明扼要地提炼出关键信息，以便读者能够快速了解和掌握某个主题或话题的核心内容。同时，需要注意语言表达清晰、流畅，避免使用过于复杂的词汇和语句，以免影响读者的阅读体验和理解能力。

对于一般的要点总结，我们可以使用以下写作流程。

设定写作身份　　　输入总结内容　　　生成要点总结　　　优化生成内容

**设定写作身份**　与周报总结相同，首先要让 ChatGPT 知道以什么样的身份进行要点总结的创作。同样，我们可以根据自身实际的职位给 ChatGPT 设定身份，如教师、律师、记者等。

**输入总结内容**　然后，我们向 ChatGPT 输入要总结的内容。这些要点通常包括事件背景、主要内容和核心观点等，应尽可能简明扼要，以便 ChatGPT 能够准确地概括和提炼要点。

**生成要点总结**　对于输入的内容，ChatGPT 会根据其训练数据和算法生成一份要点总结。在这个过程中，ChatGPT 会尽可能地提炼和概括要点，让总结更加准确和简明。

**提问**

请以新闻记者的身份，根据以下内容总结今天主要新闻事件的要点内容。

### 全球倡议，携手保护地球家园

近日，一场全球性的生态保护倡议在各大洲展开，吸引了来自不同国家和社会各界的积极参与。这个行动的目的是推动全球范围内的生态可持续发展，共同守护我们的地球家园。

在这次倡议中，各国政府、NGO 组织、企业及个人积极响应，纷纷提出了可行性强、创新性十足的生态保护计划。其中，关注气候变化、减少塑料污染、保护生物多样性等议题成为倡议的重点。

气候变化防控：各国政府承诺加强国际合作，制定更加严格的碳排放标准，并在可再生能源领域进行更深入的合作，以应对全球气候变化的挑战。

塑料污染治理：针对日益严重的塑料污染问题，企业和社会组织纷纷提出了创新性的减塑方案，推广可降解材料、加强塑料回收体系建设等成为热点话题。

生物多样性保护：为了保护地球上丰富的生物多样性，各国联合发起了一系列的生态保护计划。保护濒危物种、禁止非法野生动植物贸易成为共识，促进自然保护区的建设和管理也备受关注。

值得注意的是，这次生态保护倡议不仅涉及国家层面的政策制定，更注重广泛的社会参与；通过教育、宣传、激励创新等手段，倡导人们从身边小事做起，为生态环境保护贡献力量。

这场全球性的生态保护行动无疑将为我们的地球带来积极的变化，为子孙后代留下更美好、可持续发展的未来。

## ChatGPT 回答

这则消息报道了一场全球性的生态保护倡议，旨在推动全球生态可持续发展。倡议聚焦气候变化防控、塑料污染治理和生物多样性保护。各国政府、企业和社会组织提出创新性计划，包括制定更严格的碳排放标准、推广可降解材料、加强塑料回收、保护濒危物种和建设自然保护区。此次行动强调广泛的社会参与，通过教育和激励创新，鼓励人们从身边小事做起，为全球生态环境保护贡献力量。

**优化生成内容**　在 ChatGPT 生成要点总结后，我们还需要根据实际情况对内容进行优化和调整。我们可以检查是否存在事实错误、逻辑错误或表述不当的地方，并进行修改和完善，最终目的是让要点总结更加准确、简明和有条理。

# 4.6　外语翻译

外语翻译类内容的特点主要在于其准确性和流畅性。这类写作旨在准确地传达原文的意思和文化内涵，同时保持原文的语感和美感。在翻译过程中，译者需要具备扎实的语言基础、广博的文化知识和高超的语言表达能力，以便准确地传递原文的意思和情感。

对于一般的外语翻译，我们可以使用以下流程。

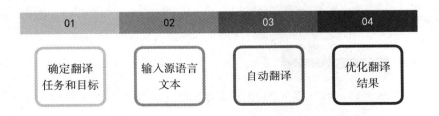

**确定翻译任务和目标**　明确翻译的任务和目标，如翻译一篇文章、一段对话、一个句子等，以及翻译的目标读者和用途。

**输入源语言文本**　将需要翻译的源语言文本输入 ChatGPT 中。

**自动翻译**　ChatGPT 会根据其训练数据和算法自动翻译输入的源语言文本，并输出目标语言文本。

**优化翻译结果**　在自动翻译后，我们需要对翻译结果进行优化和调整，以确保翻译的准确性和流畅性。我们可以手动修改翻译结果，或者使用 ChatGPT 提供的编辑功能进行修改。

需要注意的是，虽然 ChatGPT 可以提供快速、高效的自动翻译服务，但在进行翻译时仍需谨慎对待，避免出现错误或偏差。我们建议在使用 ChatGPT 进行翻译后，再人工校对一遍翻译结果，以确保翻译的准确性和流畅性。

**提问**

请将这段话翻译为英语。

上海，中国东部的国际大都市，以其繁华和多样性而闻名于世。作为中国最大的城市之一，上海融汇了现代化的高楼大厦、历史悠久的建筑和多元文化。这座城市拥有华丽的外滩，是国际金融和贸易中心，同时也是中国的时尚之都。

**ChatGPT 回答**

Shanghai,an international metropolis in eastern China, is renowned for its prosperity and diversity.As one of China's largest cities, Shanghai integrates modern skyscrapers,historic buildings,and diverse cultures.The city boasts the magnificent Bund,serving as both an international financial and trade center and China's fashion capital.

用户在使用 ChatGPT 进行翻译时，可以借助 Prompt 提出很多个性化的要求。例如，可以让 ChatGPT 的翻译更加口语化或更具专业性，还可以提供一些背景信息，避免因文化背景不同而导致的翻译结果难以理解。

要想得到更高质量的翻译结果，需要注意以下几点。

（1）写好 Prompt

用 ChatGPT 的第一个要点就是写好 Prompt，如果你只是写"请将以下内容翻译为中文"，也能得到一个还不错的结果，但这样只是把 ChatGPT 当 DeepL 使用了。但如果你能写一个高质量的 Prompt，那么就能得到更好的结果。一个好的 Prompt 的结构包括角色、技能、个性、目标、任务、生成规则、输入输出格式等。

例如，我通常会给它先设定一个角色："你是一位精通简体中文的专业翻译，写作风格是短小精悍、通俗易懂。"然后给它任务："现在你要帮我将以下英文字幕翻译成中文。"再加上一些规则："忽略错别字或者拼写错误，翻译时结合上下文意译而不是直译。译文通俗、简洁、易懂，英文单词前后加上空格。"

（2）提供足够的上下文，但一次只翻译一段，并且提供多个翻译结果供选择使用

用 ChatGPT 翻译时提供足够的上下文，有助于 ChatGPT 更好地理解要翻译的内容，给出更好的结果。所以，我们在翻

译字幕时，要尽可能将完整的字幕一次性输入，这样 ChatGPT 可以看到完整的内容，能更好地纠正错别字、给出更好的翻译结果。

如果需要翻译的内容过多，可以分段进行翻译，一方面避免因内容超出最大限制而无法正常输出，另一方面是因为内容过长会影响翻译质量。

**（3）追问，帮助更好地理解原文**

如果 ChatGPT 提供了若干翻译选项供选择，但都很难理解，这时就可以追问 ChatGPT。如果很多著作的中文翻译很晦涩难懂，是按照字面意思翻译，如果借助 ChatGPT 理解背后的意思，就能提供更好的翻译结果。

**（4）使用时避免上下文超长**

ChatGPT 生成的内容有字数限制，如果超出最大长度，后面的内容会出现"幻觉"，输出的结果与输入的内容完全不相关。为了保证翻译结果的准确性，我们输入原文内容时就需要分段，避免上下文超长导致一系列问题。

## 4.7　会议纪要

会议纪要类内容的特点主要在于其准确性和条理性。这类写作旨在准确地记录会议内容，包括会议议题、发言内容、讨论重点等，同时保持会议记录的条理清晰和易于理解。

对于一般的会议纪要，我们可以使用以下写作流程。

设定会议身份　输入会议内容　生成会议纪要　优化生成内容

**设定会议身份**　与周报总结类似，会议纪要的写作身份也需要明确。我们可以根据自身实际的职位给 ChatGPT 设定身份，如公司总经理、部门经理等。

**输入会议内容**　在设定好写作身份后，我们需要向 ChatGPT 输入会议内容，通常包括会议主题、参会人员、主要议程和讨论内容等。输入的内容要尽可能地详细和全面，以便 ChatGPT 能够准确地理解会议情况。

**生成会议纪要**　对于输入的会议内容，ChatGPT 会根据其训练数据和算法生成一份会议纪要。在这个过程中，ChatGPT 会尽可能用具体的数据和事实呈现会议内容和结果。

**提问**

假设你是一名公司总经理，请根据以下内容写一份会议纪要：本次会议的主题是公司年度工作计划，参会人员包括各部门经理和项目经理，主要议程包括介绍公司年度工作计划、各部门工作目标和讨论具体实施方案。经过讨论，我们确定了每个部门的工作目标和具体实施计划，并决定在下周一召开第二次会议，进行进度跟进和评估。

## ChatGPT 回答

会议日期：[日期]

会议时间：[时间]

地点：[地点]

主持人：[你的姓名]

记录人：[记录人姓名]

与会人员：

1. [部门经理 1 姓名] — [部门 1]

2. [部门经理 2 姓名] — [部门 2]

3.……

会议议程：

1. 公司年度工作计划介绍

2. 各部门工作目标汇报

3. 讨论具体实施方案

4. 下一步工作安排

会议纪要：

1. 会议开始于[开始时间]，由总经理[你的姓名]主持。

2. 总经理首先介绍了本次会议的主题和议程，强调了公司年度工作计划的重要性。

…………

7. 会议在[结束时间]顺利结束。

备注：

…………

**优化生成内容** 在 ChatGPT 生成会议纪要后，我们还需要根据实际情况对内容进行优化和调整。我们可以检查是否存在事实错误、逻辑错误或表述不当的地方，并进行修改和完善，最终目的是让会议纪要更加准确、清晰和有条理。

# 4.8 咨询报告

咨询报告类内容的特点主要在于其专业性和针对性。这类写作旨在为特定的客户或企业提供专业、独立、客观的咨询和建议，帮助他们解决问题、做出决策或改善运营。

对于一般的咨询报告，我们可以使用以下写作流程。

设定写作身份　　确定咨询主题　　生成报告框架　　填充内容和分析　　优化语言表达

**设定写作身份** 与周报总结相同，ChatGPT 也需要知道以什么样的身份进行咨询报告的创作。我们需要根据自身实际的职位给 ChatGPT 设定身份，如金融公司的投资顾问、科技公司的产品经理等。

**确定咨询主题** 在设定好写作身份后，我们需要明确咨询报告的主题和目的。这些内容可以从问题、需求或目标中提炼出来，以确保 ChatGPT 能够准确地理解需要解答的核心问题。

**生成报告框架**　基于咨询主题，ChatGPT 会生成一个初步的报告框架。这个框架通常包括引言、主体和结论部分。

**提问**

请以科技公司产品经理的身份为我们分析当前市场上最热门的科技产品并给出购买建议。引言部分可以介绍报告的目的和背景，主体部分可以详细阐述分析过程和结果，结论部分可以总结观点并给出建议。

**ChatGPT 回答**

### 市场热门科技产品分析报告

#### 引言

随着科技的飞速发展，市场上涌现了众多令人瞩目的科技产品，它们在各自领域展现了巨大的创新力和市场吸引力。本报告的目的在于对当前市场上最热门的科技产品进行深入分析，以为我们的消费者提供明智的购买建议。

#### 背景

随着数字化转型的推动，科技产品在人们的日常生活和工作中扮演着愈发重要的角色。从智能家居到人工智能，从可穿戴设备到虚拟现实，市场上出现了各种引领科技潮流的产品。消费者面临着诸多选择，因此有必要深入了解这些产品的特点、优势和适用场景。

**主体**

产品 A——智能家居生态系统

特点：基于人工智能技术，将家庭设备连接成一个智能生态系统，实现智能化的家居管理和控制。

优势：提升生活舒适度，实现节能环保，提供智能安全保障。

适用场景：家庭生活、办公环境。

…………

**结论与建议**

综合考虑以上产品的特点和优势，我们向消费者提出以下购买建议。

- 追求智能生活的用户可以考虑选择智能家居生态系统（产品 A），实现家居智能化管理。
- 需要兼顾移动性和大屏幕体验的用户可以选择折叠式智能手机（产品 B），满足多任务处理需求。
- 希望融入虚拟现实体验的用户可以考虑选择虚拟现实头显（产品 C），享受教育体验。

**填充内容和分析**　根据生成的报告框架，ChatGPT 会用具体的数据和案例填充内容、进行分析，包括对相关市场或行业的研究、竞争对手的分析、用户需求的调研等方面。同时，我们要确保报告内容翔实、具有说服力。

提问

请以科技公司产品经理的身份为我们分析当前市场上最热门的科技产品并给出购买建议。引言部分可以介绍报告的目的和背景，主体部分可以详细阐述分析过程和结果，结论部分可以总结观点并给出建议。同时可以引用专业机构的研究报告、数据统计和图表等支持观点，对市场趋势、竞争格局等进行深入剖析。

ChatGPT 回答

### 市场研究报告：当前热门科技产品分析与购买建议

**引言**

本报告旨在为各位关注科技产品的消费者提供一份全面的市场分析，以帮助您在众多科技产品中做出明智的选择。随着科技行业的蓬勃发展，市场上涌现出许多新颖、功能强大的产品，我们将针对其中最热门的几款产品进行深入分析，为您提供购买建议。

**背景**

随着科技进步的加速，消费者对科技产品的需求也愈发多样化和个性化。在众多产品中选择一款既符合个人需求又具备较高性价比的产品变得愈发重要。我们将基于专业机构的研究报告、数据统计及市场趋势，对当前市场上最热门的科技产品进行全面分析。

**主体部分**

产品 1：智能家居设备

- **市场份额**：根据专业机构的最新报告，智能家居设备市场占据整个科技产品市场的比例呈现出稳步增长的态势。

- 竞争格局：在智能家居设备领域，主要竞争者包括公司 A、公司 B 等，各自产品在性能、互联性等方面存在一定差异。
- 购买建议：对于消费者而言，应根据家庭需求和预算考虑选择适合的智能家居设备。在选购时，建议关注产品的互联性、兼容性及售后服务等方面，以确保产品能够完美融入家庭生活。

产品 2：折叠屏手机

- 市场趋势：近年来，折叠屏手机备受关注，数据显示其市场需求逐渐增长，预计未来几年将保持良好的发展势头。
- 技术突破：公司 C、公司 D 等厂商在折叠屏技术方面取得了显著进展，产品性能和用户体验得到了明显提升。
- 购买建议：对于追求前沿科技的消费者，折叠屏手机是一个极具吸引力的选择。然而，购买前需考虑产品的稳定性、售后服务及价格等因素。

**结论部分**

综上所述，随着科技产品市场的快速发展，消费者在选择最适合自己的产品时需综合考虑多方面因素。智能家居设备和折叠屏手机在当前市场上备受瞩目，它们代表了科技行业的前沿趋势。在购买时，建议根据个人需求、偏好及预算做出理性选择，并在购买前仔细研究市场报告和用户评价，以确保购买的产品能够完全满足您的需求。

以上分析仅供参考，具体购买决策请根据个人实际情况进行。

数据来源：专业机构报告、市场调研数据。

（附件：相关市场报告、数据统计图表）

**优化语言表达**　在 ChatGPT 完成报告的初稿后，我们还需要对语言表达进行优化和调整，可以检查用词是否准确、句子是否通顺、段落是否连贯，并进行修改和完善，最终目的是让咨询报告更加专业、清晰和有条理。

通过以上流程，我们可以利用 ChatGPT 生成一份高质量的咨询报告。但需要注意的是，由于目前 AI 技术仍处于发展阶段，我们建议在使用 ChatGPT 写作时进行适当的检查和修正，以确保内容的准确性和完整性。

## 第 5 章

# 创意类写作

## 5.1 诗歌

诗歌是用高度凝练的语言形象生动地表达作者的情感，具有鲜明的节奏、和谐的音韵，比其他形式的文章更注重结构形式的美。我们在写诗歌时，可以让 ChatGPT 从主题、选材及结构方面帮助自己进行创作。

我们运用 ChatGPT 写诗歌时可以参考以下流程。

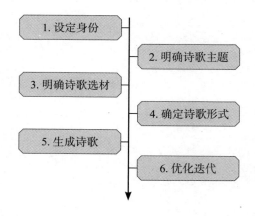

### 古诗

古诗的范围较广，包括古体诗、近体诗、宋词等。我们以古体诗为例，学习如何使用 ChatGPT 帮助自己进行古诗创作。

**设定身份**　首先要让 ChatGPT 知道以什么身份进行诗歌创作。

**明确诗歌主题**　提供背景信息，明确诗歌主题。此时，我们也可以让 ChatGPT 帮助构思几个主题。

**明确诗歌选材**　在确定了古诗主题后，接下来应围绕该主题选用适合的材料，这就是所谓的选材。

**确定诗歌形式**　古体诗是一种拘束较少的诗体，篇幅不限，不严格讲究平仄与对仗，也不讲究押韵方式。古体诗最基本的形式有四言、五言和七言，但有些古诗是二言、六言等。我们应明确自己要写的是哪种形式，才能得出符合要求的答案。

**生成诗歌**　在确定诗歌主题、选材及形式后，我们就可以让 ChatGPT 帮助完成诗歌的创作工作。

**提问**

请以"植物的生长"为素材创作一首七言古体诗。

**ChatGPT 回答**

　　　　花蕾含苞待春风，
　　　　春雨润润滋生根。
　　　　绿叶嫩茎随日长，
　　　　生命之源无尽绵。
　　　　岁月流转轮回处，

枝繁叶茂梦重圆。

自然法则生生息，

生命的奇迹永存。

**迭代优化** 由于诗歌的复杂性和特殊性，ChatGPT 写出的诗歌会出现不懂何为五言、文字使用重复等问题。我们就需要不断指出问题，或者补充要求引导 ChatGPT 生成正确的答案，最后根据自身需求对 ChatGPT 的回答进行优化即可。

其他古诗（如近体诗、宋词等）与古体诗的提问流程相似。需要注意的是近体诗具有句式整齐、平仄对应、押韵严格的特点，宋词也因词牌名不同而具有不同的格律。我们在提问时要把具体要求表述清楚，有助于 ChatGPT 生成格律准确、意境优美的诗歌。

## 现代诗

现代诗也叫"白话诗"，形式自由，意境丰富，不拘格式和韵律。

我们使用 ChatGPT 写现代诗时，可以先让它给一些选题方向，再根据选题创作现代诗。

**（1）让 ChatGPT 提供一些选题**

你是一名优秀的现代诗人，请你以"树"为主题确定几个现代诗的选题方向。

## ChatGPT 回答

1.《树的生命之歌》

描绘树从种子到参天大树的生命历程，以及它在不同季节中的变化，表现树木的顽强生命力和坚韧品质。

2.《树下的季节》

叙述树下发生的各种故事，人们在树下度过的欢乐、悲伤和思考，树作为见证者，承载了人生百态。

3.《树语》

探讨树木的"语言"，即通过树的生长、枝叶、花果等特征传达的信息，从中反映出树的情感和智慧。

4.《城市中的树》

描述城市中的树木，它们是城市绿化的一部分，同时也是城市生活中的伙伴；探讨城市中树木的生存状态、对人类的影响，以及与人类共同成长的故事。

5.《枯木逢春》

讲述在严寒的冬季，树木失去了叶子，仿佛死去一般，但在春天到来时又焕发出新的生机，象征着希望和重生。

6.《树的家园》

描绘树木与其他生物在森林中的共生关系，强调生态平衡的重要性，倡导人们保护自然环境，保护树木的家园。

7.《梦中的树林》

将树木置于梦幻般的场景中，探讨树木在梦境中的象征意义，可能是智慧的象征，也可能代表着心灵的寄托。

希望这些选题方向能够为您提供灵感，写出优美而深刻的现代诗歌作品！

## （2）让 ChatGPT 根据选题创作一首现代诗歌

**提问**

接下来，请你以"城市中的树"为题，写一首现代诗。

**ChatGPT 回答**

### 城市中的树

在钢铁森林的深处，树木耐心地栽种，

它们的枝叶，是城市的绿肤，宛如岁月的润泽。

混沌的街巷里，有一片静谧的绿洲，

树木低语，鼓舞着生命的旋律，在喧嚣中，找到宁静的原由。

春天，它们吐露新绿，

鸟儿在树梢间窃窃私语；

夏日，它们荫庇烈日下的行人，

微风拂过，带着树叶的清凉；

秋天，它们披上斑斓的锦衣，

犹如一位优雅的舞者；

冬季，它们沉睡在寒夜的怀抱，

等待春暖花开的时刻。

城市中的树,

不只是生命的象征,

它们是守护者,也是见证者,

记录着城市兴衰的岁月长歌。

让我们怀着感恩之心,

去聆听树木的低语,

在这喧嚣的世界中,

寻找心灵的宁静。

## 5.2　小说

小说是一种以刻画人物形象为中心、通过完整的故事情节和环境描写来反映社会生活的文学体裁,包括人物、情节、环境三个要素。情节包括开端、发展、高潮、结局四个部分,有的包括序幕和尾声。

我们可以使用 ChatGPT 生成故事大纲、列出章节目录、撰写章节内容。提问方式可以参考以下流程。

## 武侠小说

**明确小说类型**　小说分为很多种，我们要明确小说的类型是武侠小说、科幻小说，还是言情小说。明确小说的类型有助于我们更好地引导 ChatGPT 生成相关的内容。

**构思故事背景**　故事背景决定了整个小说发展的基调和走向，需要对环境和天气等进行客观描述，给人物创造一个微观世界。我们在缺乏灵感时，也可以让 ChatGPT 帮助构思一个故事背景。

**提问**

请构思一个武侠小说的故事背景。

**ChatGPT 回答**

故事背景：天行大陆。

在遥远的天行大陆上，江湖武士们与神秘的武侠门派展开了激烈的角逐。这片土地被五大势力统治：剑宗、刀门、拳域、掌门、医圣殿。每个门派都有着独特的武学传承和强大的武技，他们之间的斗争引发了整个大陆的动荡和战乱。

…………

在这个充满传奇和神秘的世界里，剑雪和他的伙伴们将不断挑战自我，探索武学的极致。最终能否找到天行剑法，改变大陆格局，成为一代宗师，将是这部武侠小说的精彩之处。

**生成故事大纲**　确定故事背景后，我们就可以使用 ChatGPT 生成故事大纲。

### 提问

请根据以上背景写一个故事大纲。

### ChatGPT 回答

故事大纲：剑雪传奇。

第一部：剑雪觉醒

1. 命运的捉弄

剑雪是一个普通村庄的少年，他的家人被剑宗和刀门的争斗波及，村庄被毁。剑雪在悲痛中感受到了天行剑法部分力量的觉醒。

…………

结局

在武林的传说中，剑雪等人成了英雄，他们的事迹被世代传颂。而在天行大陆的历史长河中，他们成为一个传奇，一个不朽的传说。而天行剑法也在剑雪的传承下继续流传，保护着这片土地的和平与安宁。

**生成章节目录**　在故事大纲的基础上，我们可以要求 Chat GPT 根据我们对章节数量的要求生成章节目录。

提问

请根据故事大纲列出 4 章目录，每章 3 节。

ChatGPT 回答

第一章　剑雪觉醒

1. 命运的捉弄

- 悲剧的开始：村庄被毁，家人丧生

- 天行剑法的觉醒：剑雪在绝望中触发力量

- 伙伴相遇：瑶瑶、阿明、小龙，结义的决定

…………

第二章　剑雪传承

1. 剑法的奥秘

- 天行剑法的深入研究：剑法的起源，剑法的分类

- 伙伴们的成长：瑶瑶的剑术、阿明的医术、小龙的盗术

- 剑法的限制：天行剑法的副作用和风险

…………

第三章　剑雪归来

1. 决战武林

- 武林众英雄：与各大门派的顶尖高手对决，展现天行剑法的威力

- 神秘势力的最终战：剑雪与神秘势力的首领展开决斗

• 武林的平息：神秘势力被击败，武林恢复和平

…………

**生成章节内容** 接下来，我们就可以让 ChatGPT 根据大纲撰写小说内容了。

### 提问

请根据大纲撰写第一部分的内容。

### ChatGPT 回答

第一章 剑雪觉醒

**1. 命运的捉弄**

风吹过废墟，将飞舞的灰尘吹散在苍茫的天地之间。在这座曾经繁荣的村庄里，如今只剩下一片破败。燃烧的火焰、断壁残垣，无声地诉说着一场无情的战斗。

少年剑雪跪在父母的废墟前，眼中充满泪水和仇恨。他的家人在一场剑宗与刀门的冲突中丧生，无辜的村民被卷入这场纷争，整个村庄被摧毁殆尽。剑雪的双手攥成拳头，那是对剑宗和刀门深深的愤怒。

正当绝望和仇恨将他深深吞噬时，剑雪突然感受到了一股奇异的力量从体内涌出。他的眼神中闪烁着异样的光芒，他手中的长剑开始微微颤动，仿佛在回应他的心情。

### 2. 伙伴结义

在夜幕降临时，剑雪离开了村废墟，开始了孤独的流浪。他在旅途中邂逅了瑶瑶，一个勇敢而聪明的女剑士。她的家族也因为武林纷争而遭受了不幸，于是她决定与剑雪一同寻找力量，保护自己所爱的人。

不久后，他们遇到了阿明，一个擅长医术的年轻人，以及小龙，一个精于盗术的青年。四人志同道合，决定联手结义，共同面对武林的挑战。剑雪知道，要想保护身边的人，他必须变得更强大。

### 3. 武林初现端倪

在武林中，他们面临着剑宗的挑战。剑雪与一位剑宗的高手交手，虽然技艺不及对方，但他坚韧的意志和不屈的斗志令人惊叹。这场战斗让他意识到，天行剑法的力量不仅仅存在于传说中。

与此同时，刀门的威胁也逐渐显现。在一次偶然的相遇中，他们遭遇了刀门的刺客，一场生死搏斗随即展开。伙伴们齐心协力，战胜了刀门的刺客，但也意识到了武林的危险与复杂。武林的蛛丝马迹逐渐显现，剑雪与伙伴们将面临更大的挑战，而天行剑法似乎是他们唯一的出路。他们决定踏上寻找天行剑法的征程，为了自己，也为了那些无辜受害的人们。这是一个少年，一个女剑士，一个医者，一个盗贼的冒险故事，一个传奇的开始。

**优化迭代**　根据 ChatGPT 生成的内容，我们可以继续给

ChatGPT 提出要求优化内容，如增加一些对话及眼神、动作细节描写等。

## ＊ 创意提问

当然，如果我们已经创作了一篇小说，却觉得小说缺乏亮点，也可以让 ChatGPT 提供一些建议。

**提问**

题目：《剑客江湖》

天剑宗坐落在幽静的桃花山脉，群山环抱，景色宜人。这里的武功盛行，剑法更是出类拔萃。

故事的主人公叫林风，他从小便被父母送来天剑宗拜师学艺。多年的苦练，使他的剑法已经炉火纯青。然而，林风却一直无法领悟到剑道的最高境界——无我之境。

这一天，天剑宗迎来了一位不速之客。这人名叫燕双，乃是江湖上令人闻风丧胆的魔教杀手。他的剑法狠辣无情，杀人如麻，因此得了个"血刃魔剑"的名号。

血刃魔剑此次前来，只为挑战天剑宗的剑法。他放出话来，若有人能胜他一招半式，他便离开，永不踏足天剑宗一步。反之，若天剑宗无人能胜他，那么他就要将天剑宗夷为平地。

天剑宗掌门人召集门下弟子商议对策。众人都面露惧色，无人敢应战。此时，林风再也按捺不住，挺身而出，表示愿意与燕双一决胜负。

掌门人担忧地看着林风，深知这场比试的艰巨。但他也明白，这是林风悟道的机会，于是同意了。

在桃花山巅，林风与燕双相对而立。林风手中紧握长剑，深吸一口气，闭上了眼睛。他要在这一战中，彻底参悟剑道，达到无我之境。

一声清脆的剑鸣响起，比试正式开始。燕双瞬间向林风攻去，他的剑法狠辣无情，每一招都险象环生。林风冷静应对，他知道，只有心无旁骛，才能领悟到无我之境。

突然，燕双使出一记杀手锏，林风瞬间被逼入绝境。在这生死关头，林风脑海中闪现出了无数剑招，仿佛整个剑道世界都在他眼前展开。他猛地睁开眼睛，长剑挥洒，化解了燕双的绝杀一剑。

燕双瞪大了眼睛，不敢相信自己竟然败在了林风手中。他哈哈一笑，道："好一个无我之境！我败得心服口服。"说罢，他转身离去，再不提挑战之事。

林风胜了燕双，不仅保住了天剑宗的荣誉，更是在剑道上有了突破。此后，他成了江湖上赫赫有名的剑客，传颂着一个又一个传奇故事。那桃花山脉的天剑宗也因为林风的胜利而更加声名显赫，吸引着越来越多的江湖侠客前来求学。剑客江湖，再起风云。

以上武侠小说中缺少一些反转，请修改。

## ChatGPT 回答

在比试结束后，燕双突然嘴角露出一丝狡黠的笑意。他抱拳道："林风，你的确很强，但你以为你赢了就能保住天剑宗吗？"

说完，他手中的剑忽然散发出璀璨的光芒，化作一道奇异的符文，飞向天空。

突然间，天空中电闪雷鸣，一道神秘的裂隙出现在空中。从裂隙中涌出一股强大的黑暗力量，扭曲了天地之间的规则。众人震惊地发现，燕双竟然是一个受黑暗势力控制的代言人，他的到来只是为了打开通往黑暗面的通道。

林风眼见局势危急，决定奋不顾身，挺身而出，与黑暗势力展开激战。在生死关头，他突然领悟到了剑道的真谛，剑招变幻莫测，充满了无穷的智慧和力量。他与黑暗势力展开了激烈的对决，最终化解了黑暗力量，将通道彻底关闭。

天剑宗众人目睹这一幕，无不被林风的智勇折服。掌门人感慨万分，知道林风不仅仅是剑道高手，更是一个拯救天剑宗的英雄。从此，林风成了天剑宗的传奇，他的名字被铭刻在天剑宗的史册上，传颂千古。剑客江湖，再起风云，而这次反转使整个故事更加扣人心弦，充满了戏剧性和惊喜。

诸如此类的问题，我们都可以让 ChatGPT 帮助解决优化。

## 科幻小说

科幻小说是用幻想的形式，表现人类在未来世界的物质精神文化生活和科学技术远景，其内容交织着科学事实和预见、想象。逻辑自洽、科学元素、人文思考是科幻小说的三个要素。

我们在使用 ChatGPT 帮助写科幻小说时，提问方式与以上流程相似，但是在提问时要注意加入科幻小说的三要素。

**提问**

请你写一部科幻小说，首先请你构思一个题材与小说背景。

**ChatGPT 回答**

在不久的未来，人类社会取得了巨大的科技进步。

题材：时间旅行与平行宇宙探索。

小说背景：

发明一种叫作"时空裂缝引擎"（Temporal Fissure Engine）的装置。这个装置能够开启通往平行宇宙和不同时间点的通道。然而，这项技术非常危险，只有特殊的研究机构才能够合法使用，而且使用者必须接受严格的培训和监管。

主人公是一位年轻的科学家，名叫艾琳·华莱士（Eileen Wallace）。她在一次实验中意外穿越到了一个未来的平行宇宙，发现那里的世界被一种神秘的力量支配，导致时间线扭曲，历史被重新书写。艾琳发现自己的存在对这个平行宇宙的人类社会产生了深远的影响，她的行动不仅能够改变这个世界的命运，还可能影响其他平行宇宙的未来。

在探索这个陌生世界的过程中，艾琳结识了一群来自不同时间线的人类，他们各自拥有独特的技能和经历。他们决定共同合作，探寻这个神秘力量的来源，试图修复被扭曲的时间线，拯救他们的世界和其他平行宇宙。

　　然而，在探险过程中，他们不仅要面对时间与空间的危险，还要面对人性的考验和道德困境。他们将在不同的时间点和平行宇宙中经历各种冒险，探寻真相，最终决定是否要牺牲某个平行宇宙的未来以拯救其他世界，或者选择寻找更加和平与共存的解决方案。

　　这部小说将探讨时间旅行、人性、道德和命运的深刻议题，充满紧张刺激的情节，同时也注入了对人类共同价值观的思考。

## 提问

请根据以上背景写一个故事大纲。

## ChatGPT 回答

### 故事大纲

第一章　时空的错位

　　在不远的未来，科学家艾琳·华莱士意外穿越到一个陌生的平行宇宙。她发现自己的存在对这个世界的历史产生了巨大的影响。在这个世界中，科技高度发达，但受到神秘力量的干扰，导致时间线扭曲，历史被重新书写。艾琳决定探寻这个力量的源头，以拯救这个世界和其他平行宇宙。

　　…………

结局　和平的未来

在战斗结束后，团队成员返回各自的家园。艾琳与她的同伴们决定保住这项技术，防止它被滥用。他们成立了一个跨时空的组织，继续守护着平行宇宙的和平。故事以他们的决心和友谊为结尾，展示了人类团结一心、共同面对未知挑战的力量。

这个故事融合了科幻、冒险和人性探讨的元素，希望能够引发读者对时间、空间和人类命运的深刻思考。

**提问**

请根据该大纲列出目录，每章要分为 3 节。

**ChatGPT 回答**

目录

第一章　时空的错位

- 第一节　意外穿越
- 第二节　陌生世界
- 第三节　影响历史的发现

……………

结局　和平的未来

- 第一节　回归家园
- 第二节　守护未来的誓言
- 第三节　永恒友谊的延续

接下来请根据大纲及目录完成第一章的内容写作，要遵循以下要求：逻辑自洽、包含科学元素、具备一定的人文思考。

## ChatGPT 回答

第一章　时空的错位

第一节　意外穿越

艾琳·华莱士，一个年轻且充满好奇心的科学家，身处熙熙攘攘的实验室。她的目光被那台庞大的时空裂缝引擎吸引。那是人类历史上最伟大的发明之一，一个通往无限可能的门。在一次实验中，时空裂缝引擎轰鸣着，发出刺耳的声音。突然，一个耀眼的光芒将艾琳吞噬。她发现自己身处一个崭新的世界，天空是深邃的紫色，星辰闪烁，地面上有着陌生的建筑和风景。

第二节　陌生世界

艾琳意识到，她穿越到了一个平行宇宙。在这个世界中，科技高度发达，但是人们生活在一种奇异的秩序之下。她迫不及待地探索这个世界，发现平行宇宙的人类社会结构与她所知的截然不同，人们拥有意想不到的能力，同时也面临着未知的危险。

第三节　影响历史的发现

艾琳与这个世界的人们交流，了解到她的存在导致这个平行宇宙的历史发生了改变。她的出现，改变了战争的走向，引发了科技革命，但也导致了一系列意想不到的后果。这个发现使艾琳陷入深深的思考，她开始思考时间、历史和人类的联系，思考她是否有责任修复这个被扭曲的世界，同时也开始怀疑自己是否能够掌握这样巨大的责任。

在这个章节中，科学元素融入了时空裂缝引擎的描写，艾琳的思考也引入了对时间和历史哲学的思考。人文元素则体现在艾琳对平行宇宙中人类社会结构和发展规律的好奇与探究，以及她对自身责任和伦理道德的挣扎。

ChatGPT 写出的小说似乎过于简单，缺少很多细节，如环境的描写、人物内心刻画、人物之间的交流等。接下来，我们需要不断引导 ChatGPT 写出更符合要求的科幻小说。例如，引导 ChatGPT 添加小说三要素等。

## * 创意提问

科幻小说是靠幻想写出来的，如果我们对未来没有好的设想或者对情节缺少构思，就可以运用 ChatGPT 帮助写作。

题目：《星际之门》

一艘名为"浩渺号"的宇宙飞船在星际间穿梭，船上的乘客们满怀期待地寻找着新的星球和未知文明。浩渺号是人类历史上最先进的飞船，它拥有着超越时代的科技，能轻松穿越星际间的距离。

浩渺号此次的任务是探索一个遥远的星系，据说那里隐藏着一个古老的文明。这个文明被称为"天琴文明"，它拥有超越地球科技，甚至能操控宇宙的力量。

船上的乘客们都是来自地球各个领域的精英，他们怀揣着梦想和使命，踏上了这段未知的旅程。船长叫李阳，他是一个沉着冷静的男子，拥有丰富的宇宙飞行经验。副船长是一个美丽的女科学家，名叫林梦，她美丽聪慧，对宇宙的奥秘充满了好奇。

经过一段漫长的星际旅行，浩渺号终于来到了天琴星系的边缘。船员们紧张地忙碌着，准备开启星际之门。星际之门是天琴文明留下的一个神秘传送门，能跨越星际间的距离，将人们传送到遥远的星球。

就在星际之门缓缓打开之际，浩渺号突然遭遇了一股强大的宇宙能量。这股能量让飞船剧烈颤动，船上的仪器纷纷失灵。李阳和林梦临危不惧，他们凭借丰富的经验，努力稳定飞船，最终成功进入了星际之门。

星际之门的另一端是一个名为"天琴星"的星球。这里的一切都充满了神秘和未知，星球上的建筑和科技都让船员们惊叹不已。在天琴星上，船员们找到了一个名为"天琴宫"的遗迹。天琴宫是天琴文明的皇宫，里面蕴藏着无数宇宙的秘密。

然而，随着船员们探索的深入，他们发现了一个惊天秘密：天琴文明已经灭亡，而灭亡的原因竟然与地球有着千丝万缕的联系。为了寻找真相，船员们决定深入挖掘天琴文明的遗迹，寻找宇宙的秘密。

在探索的过程中，李阳和林梦的感情也越发深厚。他们在危机四伏的星际间相互扶持，共同面对未知的挑战。最终，他们找到了天琴文明灭亡的真相，并找到了一个能拯救地球的方法。

在完成任务后，李阳和林梦带领船员们返回地球。他们带回了天琴文明的科技和智慧，让地球人民的生活发生了翻天覆地的变化。而那艘名为"浩渺号"的宇宙飞船，成了地球人民探索宇宙的新起点。从此，人类踏上了新的征程，勇敢地探索宇宙的奥秘。

这篇小说的故事情节较为常见，没有太多独特的元素或独创的设定，请添加一些设定让故事情节更丰富。

## ChatGPT 回答

当浩渺号的船员们在天琴星上深入挖掘天琴文明的遗迹时，他们发现了一个名为"星际之门核心"的神秘装置。这个装置是天琴文明的至高技术成果，据说能够连接宇宙的各个角落，实现超越时空的传送。

在探索星际之门核心的过程中，船员们不小心触发了装置，将他们传送到了一个未知的星系。这个星系是一个巨大的星际联盟，由多个智慧种族组成，彼此和平共处。这个星系的中心是一个庞大的星际站点，它连接着成千上万个星球，形成了一个繁华的星际文明网络。

船员们被星际联盟的各个种族接待，并了解到了星际文明的发展历程。他们发现，星际联盟中的每个种族都有着独特的文化、科技和历史，彼此交流合作，共同探索宇宙的奥秘。

在星际联盟中，船员们结识了各种各样的智慧生命，包括拥有超强智力的能量生命体、掌握高级科技的机械族、拥有强大精神力量的心灵种族等。他们与这些生命体共同探讨宇宙的起源、生命的意义，交流各自星系的独特文化和技术。

在星际联盟的帮助下，船员们逐渐解开了地球与天琴文明千丝万缕的联系。原来，地球是星际文明网络中的一个重要节点，而天琴文明则是古老的守护者，它曾经为保护地球，留下了星际之门核心，以便将地球人送往安全的星际联盟。

随着真相的揭开，船员们意识到地球的未来与星际联盟息息相关。他们决定与星际联盟合作，共同保护地球，发展人类文明，探索宇宙的奥秘。

最终，浩渺号返回地球，带回了星际联盟的友谊和合作。地球迎来了一个新的时代，人类与星际联盟共同建设宇宙文明，共同面对未来的挑战。而浩渺号成为地球与星际联盟之间友好交流的使者，开启了人类与宇宙各族的新纪元。

## 现实小说

现实小说侧重如实地反映现实生活，客观性较强。它提倡客观、冷静地观察现实生活，按照生活的本来样式精确、细腻地加以描写，力求真实地再现典型环境中的典型人物。

用 ChatGPT 写现实小说时可以参考以上流程，并在提问时加入一些种子词，让 ChatGPT 根据种子词虚构故事。

提问

请根据以下种子词写一篇现实小说。种子词：游乐园、卖气球的小女孩、衣着华丽的小女孩、布娃娃。

ChatGPT 回答

在城市的一角，有一个古老而迷人的游乐园，那里是孩子们的天堂，是欢笑和快乐的海洋。每当太阳升起，游乐园的大门就会缓缓打开，迎接一波又一波的游客。而在这个游乐园里，有两个特别引人注目的小女孩。

其中一个活泼可爱的小女孩，名叫莉莉，她是一个卖气球的小商贩，每天都在游乐园的入口处摆摊，手里拿着五颜六色的气球。她的气球是那么鲜艳，吸引了许多孩子和家长前来购买。莉莉总是微笑着，用甜美的声音对每个顾客说："来，看看这些漂亮的气球，每一个都是独一无二的！"她的热情和微笑让她成为游乐园里最受欢迎的小商贩之一。

另一个小女孩叫艾莉莎，是游乐园的常客。她是一个衣着华丽的小公主，总是穿着美丽的裙子，头戴花环，脸上洋溢着天使般的微笑。每次来游乐园，她都会去找莉莉买一个气球。她喜欢气球上的图案和颜色，觉得它们就像天空中飘荡的彩色云朵，带给她无尽的快乐。

⋯⋯⋯⋯⋯

从那天起，艾莉莎每次来游乐园，都会带着她的布娃娃和莉莉的气球。她觉得，这两样东西是属于她的幸福，是游乐园里最珍贵的宝物。而莉莉看着艾莉莎快乐的笑容，也觉得自己的气球变得更加特别了，因为它们带来了一个小公主的快乐和幸福。

就这样，游乐园的每一个角落都充满了快乐和温馨。小女孩们用自己独特的方式，让这个游乐园变得更加美好，成为孩子们无尽欢笑的乐园。

我们可以根据自身要求调整种子词，或者改变情节走向，以达到我们的要求。

## * 创意提问

万事开头难，想写好现实小说，选材非常重要，种子词的设定尤为关键。当我们对选材缺少想法时，ChatGPT 便能帮助我们。

### 提问

请帮我构思几组现实小说的种子词，要求故事有冲突，够吸引人。

### ChatGPT 回答

当然可以！以下是一些现实小说的种子词，每组包含一个基本情节和冲突元素，希望能激发你的灵感。

### 1. 劳动者的挣扎

基本情节：

一群普通的工人在当代城市中为生计奋斗。小说描绘了他们的日常工作、家庭生活和与社会不公正现象的抗争。

冲突元素：

- 主人公们在不稳定的经济环境下艰难维持生计，面临失业、低工资和高房价等现实挑战。
- 揭示社会阶层的差异，表现劳动者对权益的抗争。

### 2. 移民的奋斗

基本情节：

讲述移民家庭在新的国度里维持生计和获得认同的故事。主人公们面临文化冲突、语言障碍，以及适应新环境的挑战。

冲突元素：

- 主人公们要在保持传统文化和适应新文化之间找到平衡，经历身份认同的危机和矛盾。
- 探讨社会对移民的偏见和歧视，以及他们如何努力打破这些障碍，融入社会。

### 3. 医疗体系的现实

基本情节：

描绘当代医疗体系中医生、患者和其他医护人员的生活，反映医疗行业内部的现实问题和伦理困境。

冲突元素：

- 主人公医生面临医患关系紧张、医疗资源不足、患者隐私保护等伦理和职业挑战。

- 揭示医疗体系内部的利益冲突，以及医疗资源不均等问题，呈现医生和患者的心酸故事。

### 4. 环境与可持续发展

基本情节：

以环境保护为背景，描绘一群环保志愿者和科学家为保护自然资源、生态平衡而奋斗的故事。

冲突元素：

- 主人公们面临破坏环境的企业、政府官员，以及公众对环保事业的冷漠和反对。
- 展现环保运动者在法律、政治和公众舆论压力下的抉择，以及他们为环保事业付出的牺牲和努力。

这些种子词旨在揭示现实生活中的社会问题和挑战，希望能够启发你创作一部客观真实的现实小说。

ChatGPT 是一个工具，它可以为我们提供灵感和基础文本，但是真正引人入胜的小说需要我们的创造力和个人风格。与 ChatGPT 的交互应该被视为与一个有创意的合作者进行对话，而不是一个自动完成器。

## 5.3 剧本

剧本主要由台词和舞台指示组成。对话、独白、旁白都采用代言体。剧本中的舞台指示是以剧作者的口气创作的叙述性文字说明，包括对剧情发生的时间、地点的交代，对剧中人物的形象特征、形体动作及内心活动的描述，对场景、气氛的说明，以及对布景、灯光、音响效果等方面的要求。

我们写剧本时，就可以用 ChatGPT 辅助创作。提问方式可以参考以下流程。

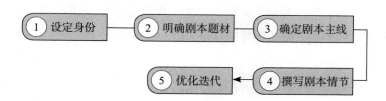

## 电影、电视剧本

**设定身份**　让 ChatGPT 明确以什么身份进行创作。

**明确剧本题材**　提供剧本背景，明确剧本题材。

**确定剧本主线**　在明确题材及背景信息后，综合以上信息对 ChatGPT 发起提问，就可以让它帮助生成剧本的主线内容，即剧本的大纲。

**提问**

你是一位专业编剧，请写一个现代推理剧的剧本大纲。

**ChatGPT 回答**

剧本名称：《虚实之间》

第一季：《死者的微笑》

第一集：引子

在现代大都市，一位聪明而古怪的侦探——张婧接手了一起看似普通的自杀案件。但她的直觉告诉她，背后可能隐藏着更复杂的真相。案发现场一切看似自然，但张婧凭借敏锐的洞察力发现了一些疑点，使她怀疑这起案件并非简单的自杀。

…………

第六集：结局

在揭露了阴谋的同时，张婧也找到了自己内心的平静。她意识到，虽然现实和虚拟世界之间存在复杂的关系，但人性的真实和善良是永恒不变的。在故事的结尾，她微笑着，仿佛感受到了死者的微笑。因为她知道，她为正义而战斗是值得的。

**撰写剧本情节**　当大纲确定后，就可以让 ChatGPT 开始写剧本的情节了。

**提问**

请根据以上剧本大纲创作第一集的剧本。

**ChatGPT 回答**

第一集：《死者的微笑》

场景 1：侦探局内，张婧坐在办公桌前，案件文件摊开在她面前。

镜头 1：

侦探局内，灯光昏暗，张婧的眼神锐利。她浏览着死者的档案，眉头紧锁。张婧（自白，声音深沉）："这看似普通的自杀案，总有些不对劲。"她摇摇头，似乎在告诫自己。

镜头 2：

案发现场，一间现代公寓。死者，一名年轻男子，躺在床上，旁边是一瓶药和一封遗书。张婧（自言自语，声音冷静）："看似自杀，但是，为什么我觉得有些不对？"

她弯下腰，仔细观看着遗书上的字迹。

镜头 3：

快闪回死者生前的画面。他坐在电脑前，眼中闪烁着智慧的光芒，手指飞快地在键盘上敲击。

快闪回声（低沉）："我要找出真相，揭示虚实之间的秘密。"画面切回现场，张婧眉头紧锁，似乎明白了什么。

镜头 4：

侦探局内，张婧翻阅着死者的调查记录和电脑文件。

张婧（自白，声音坚定）："他曾经深入调查一家科技公司，而且收到了一封神秘的邮件。这些线索都指向了一个更大的阴谋。"

她眼中闪烁着坚定的光芒，决定深入调查。

镜头 5：

夜晚，侦探局外。张婧戴着墨镜，潜入科技公司的大楼。她灵巧地避开摄像头，轻盈地爬上楼梯。

张婧（自白，声音低沉）："时间紧迫，我必须找到更多线索。"她打开电脑，开始搜寻公司内部文件。

镜头 6：

画面快速切换，张婧发现了一份机密文件。张婧（低声自语）："这就是他调查的东西。"她翻阅文件，眼中露出震惊的表情。

镜头 7：

张婧带着文件逃离科技公司，身后响起了警报声。她飞奔在城市的夜色中，心跳加速。张婧（内心独白，声音急促）："我必须揭露这个阴谋，为他复仇。"

画面渐暗，警报声渐远。

剧终

**优化迭代**　从以上剧本可以看出，ChatGPT 给出的情节缺少一些细节的描写。这时，我们可以引导 ChatGPT 给剧本增添一些细节描写，以增强剧本的画面感。关于优化过程，此处不再赘述。

## ＊ 创意提问

当我们对已有的剧本情节不满意却又不知如何修改时，ChatGPT 也可以给我们一些建议和创意。

电影名称：《时光恋人》。

类型：现代情感、爱情、奇幻。

一、核心内容

1. 主题：爱情、亲情、友情和人生选择。

2. 故事背景：现代都市。

3. 主要角色：林悦、叶晨、陆浩、苏晴、许诺、林父、林母。

二、故事大纲

1. 开篇　林悦和叶晨是一对相恋多年的恋人，两人一起在繁华的都市中生活。林悦梦想成为一名顶尖的时尚设计师，叶晨则是一名有着崇高理想的年轻医生。

2. 冲突　林悦的设计师梦想遭遇重大挫折，她失去了工作，陷入低谷。叶晨的事业则蒸蒸日上，两人的生活目标开始产生分歧。同时，林悦的青梅竹马陆浩从国外归来，进入林悦的生活，导致林悦和叶晨的感情面临考验。

3. 高潮　林悦在陆浩的帮助下重新振作，找到了一份设计师的工作。然而，她却发现这份工作与她的价值观相悖，她开始思考自己真正想要的生活。叶晨和苏晴因工作关系结识，叶晨对苏晴产生了好感，但内心对林悦仍放不下。

4. 转折　许诺的出现让林悦和叶晨的感情出现转机。许诺是林悦的初恋情人，他因为一场意外失去了与林悦的联系。在许诺的鼓励下，林悦决定勇敢追求自己的梦想，她和叶晨也决定共同努力，互相支持。

5. 解决冲突　林悦辞去了设计师的工作，决定成立一家以环保为主题的设计公司。叶晨也决定放弃追求名利，回归初心，成为一名有医德的医生。两人重新找回了对彼此的爱意，感情更加深厚。

6. 结局　林悦和叶晨在亲朋好友的祝福中走进了婚姻的殿堂，两人一起为实现环保梦想而努力。陆浩和苏晴也找到了自己的幸福，许诺则决定离开都市，回到乡村继续他的教育事业。

**三、人物小传**

1. 林悦：女主角，时尚设计师，勇敢、善良，追求自己的梦想。

2. 叶晨：男主角，年轻医生，有理想、有医德，对爱情忠诚。

3. 陆浩：男配角，林悦的青梅竹马，事业有成，对林悦一往情深。

4. 苏晴：女配角，叶晨的同事，独立、善良，对叶晨有好感。

5. 许诺：男配角，林悦的初恋情人，影响林悦人生选择的关键人物。

请指出这个剧本的不足之处，并提出相应的修改意见。

**ChatGPT 回答**

这个剧本的情节和角色设定已经建立了相对完整的故事框架，但还有一些方面可以进一步改进和加强。

**1. 角色深度和发展**

尽管有主要角色的介绍，但剧本中可以更深入地探讨角色的内心世界、成长和转变。例如，为什么林悦梦想成为时尚设计师？叶晨的医生理想是什么？源自何处？陆浩和苏晴的背景和成长经历是什么？这些信息可以帮助观众更好地理解角色，增加共鸣感。

### 2. 冲突和高潮的张力

剧本中的冲突和高潮可以更加紧凑和引人入胜；可以考虑增加戏剧性元素，让观众在角色面临困境时更加紧张，期待他们的转机和成长。

### 3. 角色关系的处理

剧本中涉及的角色关系较多，需要确保每个角色在故事中都有明确的作用和发展；避免角色关系过于复杂，以免观众在观看过程中感到困惑。

### 4. 主题的深入探讨

剧本中提到了爱情、亲情、友情和人生选择等主题，可以更深入地探讨这些主题，通过角色的经历和选择，传达更具深度的情感和启示。

### 5. 结尾的处理

结局部分可以更加具体，描述主角们如何克服困难，实现自己的梦想和目标。同时，要确保结局既符合故事逻辑，又能给观众带来满足感。

### 6. 语言和台词

剧本中的语言和角色台词需要具有情感共鸣力，能够引起观众的共鸣和思考；可以尝试在对话和情节中融入更多情感元素，增强戏剧性。

希望这些建议能够对你的剧本创作有所帮助！

## 话剧剧本

话剧剧本要求时间、人物、情节、场景高度集中在舞台范围内。剧本篇幅不能太长，人物不能太多，场景也不能过多地转换。另外，编写时还要考虑时代背景等，可用潜台词、旁白来承上启下。

话剧剧本的创作流程与电视剧的创作流程相似，需要注意的是话剧应注重台词，不要过多描写环境和人物心理。

### 提问

你是一位专业的编剧，请你写几个话剧剧本的选题，大方向为民国时期的爱情故事。

### ChatGPT 回答

当然可以！以下是几个民国时期的爱情话剧剧本选题。

1.《时光倒流》

**大背景**　民国初年，上海滩繁华背后的社会变革。

**剧情梗概**　一位现代女性意外穿越到了民国时期的上海，成为一家报社的记者。她在这个陌生的时代遇到了一位有抱负的年轻作家，两人因为共同的理想和追求，陷入了爱情的漩涡。然而，历史的变迁和现实的困境使他们的爱情充满坎坷。最终，面对时代的挑战，他们的爱情故事经受住了考验。

**2.《花开两季》**

**大背景** 20世纪30年代的南京，淞沪抗战前夕。

**剧情梗概** 一位年轻的医生在南京的一家医院工作，救死扶伤。一天，她遇到了一位来自上海的画家，他因为家庭原因来到南京。两人性格迥异，但因为对生活和艺术的共鸣，逐渐相知相爱。然而，战火逼近，南京城面临危机，他们的爱情将在动荡的历史背景下受到巨大考验。

**3.《春风化雨》**

**大背景** 20世纪20年代的北京，文化与时尚的交融。

**剧情梗概** 一位年轻的女子在当时新兴的文化圈中崭露头角，她是一位杂志编辑，追求自由和独立。一位归国华侨远道而来，受到了当地文化的吸引，两人在一次偶然的机会下相识。他们在文艺与时尚的氛围中相知相爱，然而，家庭和社会的压力使他们的爱情充满挑战。这是一段关于青春、梦想和坚持的爱情故事。

希望这些选题能够为你的话剧剧本提供一些启发！

在选定题材后，我们可以继续让 ChatGPT 帮助生成一个剧本大纲，并根据话剧剧本的特点提出明确的要求。

第三个不错。请根据第三个选题写出剧本大纲，要求时间、人物、情节、场景高度集中在舞台范围内，剧本篇幅不能太长，人物不能太多，场景也不能过多地转换。

## ChatGPT 回答

### 《春风化雨》剧本大纲

**第一幕　相识**

场景：北京的一家时尚杂志社办公室。

主要人物：

- 李晴（女主角）：年轻的杂志编辑，追求自由和独立。
- 陈明（男主角）：归国华侨，对艺术充满热情。

剧情：

李晴正在编辑室忙碌，陈明因为一篇文章来到了杂志社。两人在讨论的过程中，发现彼此对文化和艺术有着相似的见解，产生了共鸣。两人开始频繁见面，逐渐萌生感情。

**第二幕　相知**

场景：北京的一家咖啡馆。

主要人物：李晴、陈明。

剧情：

李晴和陈明在咖啡馆相约，分享彼此的梦想。陈明向李晴展示他的艺术作品，两人的关系逐渐加深。然而，李晴的家庭对她的生活产生压力，她开始犹豫是否要放弃这段感情。

**第三幕　相爱**

场景：北京的一家花园内。

主要人物：李晴、陈明。

剧情：

李晴和陈明在花园中相遇，陈明向李晴表白，两人坦诚相待，决定共度余生。然而，李晴的家人极力反对他们的婚姻，使两人的爱情受到考验。在家庭和社会的压力下，他们努力保护彼此，决定共同面对未来。

第四幕　相守

场景：北京的一家小屋内。

主要人物：李晴、陈明。

剧情：

李晴和陈明在小屋内共同生活。面对生活的艰辛和挑战，他们用爱与坚持书写属于自己的幸福。尽管外界的压力仍然存在，但他们相互扶持，共同度过人生的风风雨雨。最终，他们的爱情战胜了一切，成为时代的见证者。

幕布落下，舞台上留下两人幸福相拥的画面，周围的人们鼓掌。

确定剧本大纲后，就可以开始剧本的创作了。

### 提问

不错。请根据剧本大纲完成第一幕的剧本创作。

### ChatGPT 回答

第一幕　相识

舞台上，一间具有复古风格的办公室，一张古典风格的桌子上堆满了文件和杂志，墙上挂着古老的字画。李晴正在专心地编辑稿件，陈明推门而入。

李晴（专注地编辑，自言自语）："这篇文章的观点很独特，可以为我们的杂志带来新的视角。"

陈明走近，关切地看着编辑的稿件。

陈明（微笑）："是的，我也正想表达这样的观点。文化，是连接人心的桥梁。"

李晴（抬头看向陈明，微笑回应）："你说得对。我叫李晴，是这里的编辑。欢迎来到我们杂志社。"

陈明（客气地鞠躬）："谢谢，我是陈明，刚回国不久。我听说这里的杂志以文化为主题，所以特地带了一篇文章过来。"

李晴（热情地）："太好了！我们正需要这样新颖的内容。请坐，让我们一起讨论一下。"他们开始在桌前讨论，陈明拿出自己的画作，与李晴分享。

李晴（兴奋地）："这些画作真的很出色！画中的每一笔都充满了生命力。"

陈明（谦虚地）："还有很多不足的地方，还请李小姐多多指教。"

李晴（笑容满面）："别客气，我们应该互相学习，共同进步。"

他们继续交谈，氛围变得轻松愉快。

（幕布缓缓落下）

对于话剧剧本来说，ChatGPT 给出的对话或许有些生硬。这时，我们可以在问题中加入温度值，让 ChatGPT 的回答更具感情色彩。若想得到更加生动、有画面感的剧本，我们就需要加入自己的想法，让人物更鲜活，让剧本更出彩。

## \* 创意提问

当我们对剧本的情节或结局等内容不满意时，也可以用 ChatGPT 进行修改。

**提问**

话剧剧本大纲：《乱世佳人》

**一、背景设定**

时间：民国时期。

地点：江南水乡。

**二、主要人物**

陆子涵：富家千金，美丽、聪明、善良，对爱情充满憧憬。

张文博：年轻书生，才子气质，对陆子涵一见钟情。

陆老爷：陆子涵的父亲，地方上有名望的商人，思想开明。

张老爷：张文博的父亲，与陆老爷有生意往来，世故圆滑。

张家长子：张老爷的长子，品行不端，被父亲逼迫与陆子涵结婚。

**三、情节梗概**

**开场**　江南水乡的美丽风光，陆家府邸的繁华景象。陆子涵与张文博在一次文人雅集中邂逅，两人一见钟情。

**发展**　张文博向陆子涵表白，陆子涵也芳心暗许。然而，陆老爷却看不上张文博，认为他只是一个空有才情的穷书生，不能给女儿带来幸福。

　　**转折**　张老爷为了家族利益，设计陷害陆老爷，使陆家破产。为了保全家人的安危，陆老爷被迫答应将陆子涵嫁给张家长子。

　　**高潮**　在婚礼临近时，张文博发现父亲的阴谋，决心揭示真相。他收集证据，并在婚礼现场将张老爷的罪行公之于众，使陆家得以洗清冤屈。

　　**结局**　陆老爷感激张文博的正义之举，同意陆子涵与张文博的婚事。陆子涵与张文博终成眷属，共度美好时光。

　　**四、主题思想**

　　本剧以民国时期为背景，展现了在乱世之中，爱情与家族、金钱、权力等现实因素的冲突。故事最终传达了"真爱至上"的主题，强调了正义、真诚、勇敢等品质在人生道路上的价值。

　　这个剧本的结局太平了，请重新写几个结局。

### ChatGPT 回答

　　当然，下面是一个更加戏剧性的结局。

　　**结局 1**　张文博决定不再忍受家族的阻挠，他离家出走，决心创造属于自己的事业。陆子涵也坚定地支持他，两人共同面对困难，一起努力奋斗。多年后，他们在异国他乡建立了美满的家庭，过上了幸福的生活，展现了坚持真爱的勇气和决心。

　　**结局 2**　婚礼当天，张文博决定挺身而出，揭露了张家长子的真实面目和家族的罪行。陆子涵得知真相后，毅然拒绝嫁给张家长子。在张家陷入危机时，陆老爷悔过自新，帮助张文博与陆子涵一同摆脱困境。最终，他们一起合作，重振陆家产业，也促使了张家的改变。陆子涵与张文博在众人的祝福下结为夫妻，创造了幸福美满的未来。

结局 3　婚礼前夕，真相大白，张老爷深感愧疚，主动取消了婚礼。在众人的见证下，陆子涵与张文博举行了简单而温馨的婚礼。他们决定共同面对生活的挑战，相互扶持，最终建立了幸福的家庭。在乱世之中，他们的爱情经受住了考验，也为周围的人们树立了榜样，传递着希望和勇气。

这些结局更具戏剧性，也更能引起观众的共鸣，突出了主题思想中的真爱与坚持。

## 小品剧本

小品的创作要深入生活、贴近生活，题材宜小不宜大，要有笑料和包袱，场景一般只有一个。我们在创作小品剧本时，可以借助 ChatGPT 先写一个小品大纲，然后在大纲的基础上稍作修改，加入一些包袱就构成了一个完整的小品剧本。

你是一位专业的小品编剧，请你以春节为背景写几个小品剧本选题及简介。

## ChatGPT 回答

当然可以！以下是以春节为背景的几个小品剧本选题及简介。

**1. 剧本选题：《春节大作战》**

**简介**　在一个小镇上，几个朋友为了给村里的春节晚会准备节目，他们决定举办一场大规模的春节大作战。每个人都有自己的特长，他们团结一心，进行各种搞笑、创意十足的比赛，最终在晚会上呈现一场精彩的表演。

**2. 剧本选题：《春节的奇幻之旅》**

**简介**　一个家庭在春节期间因为各种原因错过了团聚，他们各自度过了寂寞的春节。突然有一天，他们在梦中遇到了一个神奇的使者，带领他们展开了一场奇幻的春节之旅。在旅途中，他们遇到了许多有趣的角色，最终在奇妙的冒险中找回了失落的团圆。

**3. 剧本选题：《春节的神奇礼物》**

**简介**　一个小孩在春节期间非常期待能够收到一份特别的礼物。然而，在他的家人看来，最好的礼物是团圆和关爱。为了让小孩明白这个道理，家人们准备了一系列有趣的游戏和惊喜。通过这些亲情的体验，小孩最终明白了春节的真正意义。

**4. 剧本选题：《春节的神秘邻居》**

**简介**　在一个安静的小区里，有一个神秘的邻居，从来不参加社区的活动，也很少和别人交流。然而，在每年的春节期间，他的家里总是传出阵阵欢笑声和音乐声。其他邻居对他充满了好奇，于是决定在春节期间一窥究竟。他们偷偷观察，发现了这位神秘邻居背后的感人故事，最终在春节晚会上为他们送上了一份特殊的祝福。

这些剧本选题可以根据需要进行修改和扩展，希望能够为您提供一些启示！

我们可以在若干选题中选择最好的一个生成大纲。

**提问**

请根据第 4 个选题撰写小品大纲。

**ChatGPT 回答**

### 《春节的神秘邻居》大纲

**第一场　邻里团圆的春节氛围**

- 背景设定：小区的邻居们正在忙着张灯结彩、准备春节晚会，欢声笑语洋溢在空气中。
- 角色介绍：主角家庭、其他邻居，特别介绍神秘邻居，外表平凡但神秘莫测。

**第二场　邻居们的好奇心**

- 情节发展：邻居们在春节期间发现神秘邻居家中传来欢笑声和音乐声，引发了大家的好奇心。
- 对话和互动：邻居们开始讨论神秘邻居的身份和背后的故事，产生了各种猜测。

**第三场　偷窥与揭秘**

- 情节发展：一群好奇的邻居们决定在春节晚会前夜偷偷窥探神秘邻居家，看看到底发生了什么。
- 发现与震惊：邻居们发现神秘邻居并不是富人，而是一位普通的老人，他独自过春节，但在家中创造了温馨、幸福的氛围。

**第四场　邻里团结的感动时刻**

- 情节发展：邻居们意识到神秘邻居并不孤独，他们决定在春节晚会上为神秘邻居献上特别的祝福和礼物。
- 表演和感动：邻居们合力为神秘邻居表演了一段温馨的节目，表达了对他的尊敬和感激之情，神秘邻居感动不已，展现出久违的笑容。

**第五场　团圆和温暖的结局**

- 情节发展：春节晚会结束后，邻居们一起畅谈彼此的感受，大家都感受到了邻里之间的团结和温暖。
- 总结和展望：故事以邻居们共庆春节、共度时光的场景结束，表达了团圆和温暖的重要性，也展望了邻里关系更加紧密的未来。

这个小品以探寻邻里关系和理解他人为主线，突出了春节团圆和温馨的主题。希望这个大纲能够满足您的需求！

确定小品大纲后，我们就需要发挥自己的想象力给小品添加一些包袱，让剧情更加轻松、幽默，增加观众的观赏体验。

# 5.4 散文

散文是一种抒发作者真情实感、写作方式灵活的记叙类文学体裁，具有形散神聚、意境深邃、语言优美的特点。

生活中有很多让人触景生情的时刻，内心的情感却不知道如何用语言表达。此时，我们就可以请 ChatGPT 帮忙，具体的提问方式可参考以下流程。

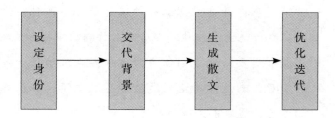

**杂文**

**设定身份** 让 ChatGPT 知道以什么身份进行文章创作。

**交代背景** 散文是抒发作者真情实感的文章，我们需要给 ChatGPT 提供写作背景，了解作者想表达的情感。

**生成散文** 将以上两个内容提供给 ChatGPT，让其生成一篇杂文。

你是一位文学家，秋天来了，看着金黄的树叶纷纷飘零，你的心中有些许惆怅，请你以此为背景写一篇杂文。

## ChatGPT 回答

在深秋的午后，我坐在窗前，看着窗外那些金黄的树叶随风飘舞，它们像是一群自由的舞者，在秋天的舞台上翩翩起舞。每一片叶子都有着属于自己的旋律，轻轻地飘落，落在地上，发出微弱的声响，仿佛是大自然为我们奏响的悠扬的乐曲。

这个季节，总是让人感到有些许的忧郁。或许是因为树叶的凋零，或许是因为天空的灰蒙蒙，又或许是因为阳光透过薄薄的云层洒在大地上，显得有些黯淡。秋天，是一个充满忧伤和诗意的季节。在这个时候，我常常会沉浸在自己的思绪中，回忆往事，思考生命的意义。

然而，正是在这种忧郁中，我发现了生命的美好。或许正是因为有了离别和凋零，我们才更加珍惜眼前的一切。每一片飘落的叶子，都是大自然赋予我们的礼物，它们在飘落的过程中，散发着淡淡的芬芳，让人陶醉。就像是一位老者，在告别人世间之前，留下了一些珍贵的智慧和经验，让人铭记。

秋天，也是一个丰收的季节。田野里金黄的稻谷、沉甸甸的果实，都是农民辛勤劳作的成果。看着那些丰收的场景，我不禁为他们感到骄傲和自豪。他们用汗水浇灌出了希望，用辛勤培育出了丰收，这种辛勤和坚持的精神，让人深受鼓舞。

或许，正是在这个秋天，我们能够学会放下，学会感恩。放下过去的种种不如意，感恩眼前拥有的一切。就像那些飘落的树叶，它们在离开树枝的一刹那，没有怨恨，只是轻轻地飘落，迎接着新的生命。或许，我们也应该学会像树叶一样，放下过去的包袱，轻轻地飘落，迎接新的挑战和机遇。

在这个深秋的午后，我感受到了生命的轮回和美好。或许，正是在这忧郁中，我们才能够更加珍惜眼前的一切，更加感恩生命赋予我们的一切。愿我们在秋天的阳光下，敞开心扉，迎接生命的美好，迎接未来的希望。

**优化迭代**　ChatGPT 生成的散文似乎感情色彩不够浓，这时我们可以加入温度值让其语言更加细腻。我们还可以提供更多的背景信息以及个人感受，这样 ChatGPT 写出的散文才更加贴合我们的心境。

### ＊ 创意提问

如果我们写的散文枯燥无味，缺乏美感，我们也能让 ChatGPT 帮助润色，指导我们写出更优美的散文。

> **提问**

春节是中国最重要的传统节日之一，也是一个让人充满期待和回忆的时刻。每年春节将至，我总是会想起小时候和家人一起过年的情景，那些美好的回忆像潮水一样涌上心头。

我还记得小时候过春节，家里会打扫得干干净净，贴上红色的对联和福字，挂上红灯笼和彩灯，家中充满了节日的气氛。我和兄弟姐妹们会穿上新衣服，等待着年夜饭的开始。年夜饭是我们一家团圆的时刻，我们会围坐在桌子前，品尝着妈妈亲手做的美食，比如饺子、鱼、年糕等。这时候，爸爸总是会给我们讲一些有趣的故事，让我们开心地度过这个特别的夜晚。

我们还会在春节前夜一起守夜，等待着新年的到来。我们会放烟花、吃零食、玩游戏，一家人在一起度过这个特别的夜晚。新年的钟声响起时，我们会欢呼雀跃，互相祝福，希望新的一年里身体健康、万事如意。

除了家庭团聚，春节还是一个充满欢乐和热闹的节日。我们会去拜年，见到许多亲朋好友，一起吃吃喝喝，互相交流近况。我们还会收到压岁钱，虽然当时觉得很少，但是非常开心。

现在，我已经长大成人，离开了家乡，很少有机会和家人一起过年了。但是每年春节来临，我仍然会想起小时候的那些美好，那些温馨的家庭气氛，那些快乐的时光。我想起了儿时的快乐，也感受到了成长的历程，更珍惜当下的生活。

春节是一个让人充满期待的节日，因为它代表着新的开始和新的希望。在这个特别的时刻，让我们回忆过去，珍惜现在，展望未来，一起迎接新的一年。

我觉得这篇散文没有修辞手法，语言不够细腻，该如何调整？

### ChatGPT 回答

你的描述已经很真挚和感人，但如果你想增加一些修辞手法和使语言更细腻，可以考虑以下几点改进。

1. 比喻和象征意义：尝试使用比喻和象征意义来描述春节的氛围，例如，"家里打扫得干干净净，就像心灵的一次洗礼"，或者"红色的灯笼高高挂起，象征着幸福和好运的到来"。

2. 生动的形容词和副词：使用更生动、具体的形容词和副词，使场景更具体。例如，"饺子热气腾腾，鱼肉鲜嫩多汁，妈妈的手艺让这顿年夜饭格外美味"。

3. 叙述结构：尝试使用一些叙述结构，如回环句、排比句等，增加文章的节奏感。例如，"春节的钟声敲响，欢声笑语、烟花璀璨、亲人团聚，构成了我最美好的回忆"。

4. 对比和对照：可以通过对比来强调春节前后的变化，或者对照现在和小时候的心情，增加文章的层次感。例如，"小时候，压岁钱虽少，却代表着无尽的欢笑和期待；如今，虽然无法常回家，但心中的家庭温馨依然如故"。

5. 感官描述：多加入感官描述，如触摸、味觉、听觉、嗅觉等，让读者更好地体验你所描述的场景。例如，"新衣服的面料柔软舒适，年夜饭的香气扑鼻而来，爸爸讲故事时的声音温暖而悠扬"。

通过这些调整，你的散文可以更加生动，让读者更容易沉浸其中，感受到你的情感和回忆。

## 随笔

随笔中涉及的往往是一些即时发生的事件和看到事件时产生的想法，随时捕捉记录下来，没有太多的限制，篇幅可长可短。

我们想写一篇随笔时，可以提供一些关键词，让 ChatGPT 帮助完善这篇文章。

提问

请你以一位文学家的身份，根据以下关键词完成这篇随笔文章。关键词：爬山、日出、感悟人生如同爬山。

ChatGPT 回答

在晨曦中，我漫步在山间。迎接我的是那一抹温暖的橙红，太阳刚刚从地平线升起，照亮了整个山谷。这是一个充满希望和活力的时刻，也是我最喜欢的时刻——日出。

每当我爬上山顶，迎接第一缕晨光的时候，我都能感受到一种深沉的满足，仿佛我在亲历生命的奇迹。

爬山，对我来说，不仅是一种锻炼身体的方式，更是一次心灵的洗礼。在攀登的过程中，我常常会陷入一种思考的状态。这时，我开始思索人生。人生如同爬山一般，充满了起伏和坎坷。有时候，我们会面临陡峭的山壁，让我们感到力不从心，无法前行；有时候，我们会遇到泥泞的小径，让我们陷入困境，难以自拔。

然而，正是这些困难和挑战，让人生变得更加丰富多彩。就像攀登陡峭的山峰一样，只有克服了种种困难，我们才能够更加坚强，更加勇敢地面对生活的种种挑战。爬山教会了我耐心和毅力，教会了我如何克服困难，如何坚持不懈地追求目标。在攀登的过程中，我体会到了付出和收获的关系。每一步的付出都会换来更高的视野，每一次的坚持都会带来更远的前程。

同时，爬山也让我学会了欣赏自然的美好。当我站在山巅，俯瞰群山之间的峡谷，呼吸着清新的空气，我感受到了大自然的奇迹。我看到了那些高耸入云的山峰，它们仿佛是大地的脊梁，承载着岁月的沧桑。我看到了那些蜿蜒曲折的小溪，它们是生命的源泉，滋养着万物。我看到了那些各种各样的植物，它们在阳光雨露的滋润下茁壮成长。这些景象让我深深地感受到了生命的力量和美丽。

所以，我常常告诫自己，人生就像一次爬山的旅程。在人生的道路上，我们会遇到各种各样的困难和挑战，但只要我们勇敢地面对，坚持不懈地追求，就一定能够登上人生的巅峰，看到属于自己的日出。在这个过程中，我们会体验到生命的酸甜苦辣，体验到付出和收获的关系，体验到自然的奇妙和生命的美好。正是这些体验，让我们的人生变得更加丰富多彩，更加有意义。愿我们都能够在人生的征途上勇往直前，迎接属于自己的日出。

随笔的意义在于记录当下的所见所想，ChatGPT 的回答不能完全表达作者当下的心情，所以我们需要在随笔的基础上进行修改优化，恰当表达我们的情感。

## ＊ 创意提问

我们写随笔，在不知如何加入情感表达时，就可以运用 ChatGPT。

雪花是一个美丽而又神奇的自然现象。在冬季里，它们悄悄地从天空中落下，为这个世界增添了一份别样的美丽。

　　雪花的大小和形状都各不相同，每一片雪花都独一无二。它们有的像小小的白色花瓣，有的像细长的针状，有的则像轻盈的羽毛。在显微镜下观察，每一片雪花都有着独特的结构和美丽的图案，令人叹为观止。

　　雪花不仅形状美丽，还有神奇的力量。它们能够净化空气，为大地带来一份清新和洁净。在雪花的覆盖下，大地变得洁白无瑕，仿佛被赋予了一种神奇的生命力。雪花还能够为人们带来欢乐和浪漫。在这个冬季里，人们可以堆雪人、打雪仗、滑雪、赏雪景，感受到雪花带来的快乐和浪漫。

　　然而，雪花也有它们的脆弱和短暂。它们从天空中落下，在接触到地面的瞬间就会融化，消失无踪。即使我们尽力去留住它们，它们仍然会不可避免地离开我们。这让我想起了人生中的许多事情，它们的美丽和神奇也是短暂的，就像雪花一样，需要我们用心去感受和珍惜。

　　雪花是一个美丽而又神奇的自然现象，它们为我们带来了快乐和浪漫，也让我们感受到了生命中的短暂和脆弱。在这个冬季里，让我们用心感受雪花的美妙，珍惜它们的存在，也珍惜生命中的每一个美好瞬间。

　　以上随笔文章缺少一些情感表达，请你优化文章。

**ChatGPT 回答**

雪花是大自然赋予我们的一份绝美礼物。寒冷的冬季，它们轻轻飘落，仿佛天空的精灵，为世界披上一层银装，勾勒出别样的美丽。

每一片雪花都独一无二，有的洁白如花瓣，有的纤长如针，有的轻盈如羽毛。放大到显微镜下，它们呈现出错落有致的结构和令人惊叹的图案，宛如艺术品般绚烂多彩。

雪花不仅是视觉的盛宴，更拥有神奇的力量。它们舞动间，净化着空气，为大地带来一片清新。雪花覆盖的土地，宛如被施了魔法，变得纯洁无瑕，充满生命的活力。在雪的映衬下，世界仿佛进入了童话般的境地，一切都变得宁静而祥和。

然而，雪花的美丽是短暂的，它们注定是生命中的匆匆过客。在触及大地的瞬间，它们即刻融化，消失得无影无踪。这种瞬息即逝的美丽，让人不禁沉醉其中，也让我们深刻体会到生命的短暂和脆弱。

与雪花一样，人生也充满了美好瞬间和短暂的欢愉。我们应该学会用心去感受，珍惜每一个美好瞬间，就像那雪花般纯净、美丽的瞬间。让我们在这个冬季，共同领略雪花带来的奇迹，品味生命中的每个珍贵时刻。

## 游记

游记是指记述游览经历的文章，其特点即游踪、景观、观感三位一体。我们在出游想写一篇文章记录时，就可以借助 ChatGPT。我们只需提供游览的踪迹及景观信息，ChatGPT 即可写出一篇高质量的游记。

## 提问

你是一位文学家，今天你去了北京故宫，请就此写一篇游记。

## ChatGPT 回答

标题：《北京故宫游记：历史的沉淀，文化的辉煌》

在这个阳光明媚的早晨，我来到了中华文化的瑰宝——北京故宫。站在故宫的门前，我仿佛穿越到了古代。作为明清两代的皇家宫殿，故宫是中国古代宫廷建筑的巅峰之作，也是中华文化的典范。走进它，仿佛踏入了一个古老而神秘的世界。

首先映入眼帘的是宏伟壮观的建筑群，金碧辉煌的琉璃瓦在阳光下闪闪发光，宛如一座巨大的宝石。一步步走在青石板路上，仿佛能听到历史的呼吸。走廊上的木质栏杆、红墙黄瓦，每一个细节都透露着古代建筑的精湛工艺和设计美学。

在故宫内，我仿佛穿越到了古代的宫廷生活中。宫殿内部陈设考究，富丽堂皇。我在展厅里看到了许多宫廷用品，比如龙椅、御笔、玉器等，无一不是古代文化的珍贵遗产。

故宫的庭院布局也颇具匠心，宽敞的广场、曲折的小路、假山、花木，构成了一幅幅美丽的园林画卷。漫步其中，我感受到了一种宁静和安详。仿佛时间在这里静止，只有古老的文化和历史在轻轻诉说着故事。

在游览故宫时，我被那些丰富多彩的文化活动深深吸引。在角楼上，我看到了传统的宫廷表演，有京剧、杂技等，每一场节目都展现着中国传统文化的魅力。此外，故宫还定期举办各种文化讲座、展览，让游客更加深入地了解中华文化的博大精深。

在离开故宫的时候，我心中充满了敬畏和自豪。敬畏是因为这里承载着太多的历史和文化底蕴；自豪则是因为作为中国人，我有幸拥有如此辉煌灿烂的文化传统。这次故宫之行让我更加热爱这片土地，也更加珍惜我们的文化遗产。感谢故宫，让我领略到了历史的沉淀，文化的辉煌。

游记是根据我们的行迹所创作，想要得到一篇优质的游记，我们就需要在提问时详细描述自己的游览过程。

**\* 创意提问**

我们在出游时逛了很多景点，要用文字记录却不知如何下笔，ChatGPT 在这时就凸显了作用。

**提问**

我今天去了上海迪士尼，想写一篇游记来记录今天，请问我应该怎么写？

**ChatGPT 回答**

当写一篇游记时，你可以尝试以下结构和写作技巧，使你的游记生动有趣，给读者留下深刻印象。

## 1. 引入段落: 引起读者兴趣

在引入的段落中, 你可以描述你对上海迪士尼的期待, 或者用一句引人入胜的话激发读者的兴趣, 让他们想继续阅读。

## 2. 游乐园概况: 介绍地点和氛围

描述迪士尼乐园的位置、外观和氛围。用生动的语言描绘你进入游乐园的第一印象, 如园内的音乐、人流、建筑风格等。

## 3. 游玩项目: 分享游乐设施和活动

你可以列举体验过的游乐项目, 如过山车、演出、游行等, 描述自己的感受和体验; 可以分享一些刺激、有趣或者感人的瞬间。

## 4. 美食体验: 品尝当地特色美食

如果在迪士尼乐园品尝了特色美食, 你可以详细描述味道、外观, 以及自己的感受; 推荐一些你认为好吃的食物, 给读者一些参考。

## 5. 与角色互动: 与迪士尼角色的互动经历

如果你有机会与卡通角色合影、互动, 可以分享这些美好瞬间。描述角色的表现、你的心情, 以及这种互动带给你的快乐。

## 6. 感受与体验: 分享心情和感想

在游记的结尾, 你可以总结自己的游园体验, 谈谈自己的感受、喜好, 以及在迪士尼度过的美好时光给自己带来的启发或者感动。

## 7. 结尾: 留下深刻印象

在结尾段, 你可以用一句话或者一种情感总结整篇游记, 给读者留下深刻的印象; 也可以鼓励读者前往迪士尼, 亲身体验所写的美好。

### 8. 配图：用图片丰富游记内容

在游记中插入一些在迪士尼拍摄的照片，让读者通过视觉更好地了解你的游园经历。图片内容可以是景点、美食、角色互动等。

最重要的是用真实、生动的语言表达你的感受和体验，让读者通过你的文字感受到迪士尼乐园的魅力。

## 5.5  评论

评论文章一般是指对某事某物进行客观分析后给出的结果，常见于新闻评论、影评和书评。新闻评论在第 1 章已说明，此处不再赘述。

对于一般的评论文章，我们可以参考以下流程提问。

### 影评

**设定身份**　我们要让 ChatGPT 以专业人士的身份进行创作，如资深评论员、导演等。

**明确评论对象**　要客观描述评论对象。

**确定观点**　如果我们没有评论方向，就可以让 ChatGPT 帮助找几个观点。

**生成评论文章**　确定观点后，就可以开始撰写评论文章了。

### 提问

请你以资深评论员的身份，从影片主题与象征意义的角度给电影《暮光之城》写一篇影评文章。

### ChatGPT 回答

#### 暮光之城：爱情、生命与超自然的象征之旅

在电影《暮光之城》中，观众不仅仅沉浸在了一个青春爱情故事之中，更是陷入了一个关于爱情、生命和超自然力量的象征性旅程。导演用独特的视角探讨了爱情的力量、生命的意义，以及不同种族、不同身份之间的和解与融合，使这部电影不仅是一场青春爱情电影，更是一部引人深思的象征之作。

##### 爱情的力量

电影中的爱情主题是显而易见的。贝拉和爱德华的爱情超越了肉体的界限，挑战了时间和生命的无常。他们的爱情是强大的、永恒的，它不仅是一种情感，更是一种力量，能够战胜一切困难，包括超自然力量和来自外部世界的威胁。这种深沉的爱情成为整个系列电影的灵魂，也触动了观众内心最柔软的地方。

### 生命的意义

影片中的吸血鬼们面对永生的命运，但这并不意味着他们没有对生命意义的思考。他们对生命、时间和人性的观念与人类截然不同，而这种不同也引发了深刻的思考。在观影过程中，观众不禁会思考：生命的意义究竟是什么？是追求永恒，还是珍惜当下？是坚持原则，还是迎合变化？这种对生命意义的探讨在影片中被赋予了多重层次的象征意义。

### 不同种族与身份的和解与融合

电影中吸血鬼和狼人两个种族之间长期存在的仇恨和冲突，代表着社会上不同群体之间的隔阂和对立。然而，随着剧情的发展，观众看到了这两个种族之间的和解与融合。这种和解不仅是战斗上的，更是文化、价值观念上的。这种和解象征着不同种族、不同身份之间的理解、包容和共生，是对社会和谐发展的一种积极探讨。

总的来说，《暮光之城》通过深刻的爱情、生命和种族融合等象征主题，呈现了一个复杂而引人深思的世界。观众在影片中不仅看到了一个爱情故事的展开，更看到了对人性、生命和社会的思考。这种思考引导着观众去探寻内心深处的情感世界，使这部电影成为一次情感与心灵的共鸣之旅。

**优化迭代**　如果我们的观点与其相左，我们就可以将自己的观点表达出来，让 ChatGPT 从另一个角度撰写影评。

## ＊ 创意提问

影评需要从多角度进行，ChatGPT 便能帮助我们全方位地评价影视作品。

### 肖申克的救赎：希望与自由的永恒旋律

电影《肖申克的救赎》是一部揭示人性光辉与黑暗、讲述希望与自由的不朽之作，改编自斯蒂芬·金的同名小说。这部影片拍摄于 1994 年，由弗兰克·德拉邦特执导，蒂姆·罗宾斯和摩根·弗里曼出演。自上映以来，它一直以其深刻的情感共鸣和出色的表演赢得了观众的喜爱。故事以肖申克监狱为背景，通过囚犯安迪·杜弗雷斯的视角，展现了希望与自由的坚韧力量。安迪被错误指控为谋杀妻子和其情夫的罪犯，被判终身监禁。然而，尽管身处困境，他始终没有放弃对自由和正义的追求。

电影中，安迪通过自己的智慧和毅力，在监狱中建立了一个图书馆，为监狱的孩子们提供了教育的机会。他通过自己的努力，逐渐改变了监狱的现状，让囚犯们看到了希望和自由的可能性。而当他最终决定逃离监狱时，他的行动不仅让自己重获自由，也间接地帮助了其他囚犯走出心灵的囚笼。

影片的成功不仅在于其故事情节和演员们出色的表演，更在于它所传递的人性价值观。在肖申克监狱这个封闭、压抑的环境中，安迪用他的行动展示了人性的坚韧与不屈。他用自己的智慧和勇气打破了监狱的规则，让囚犯们看到了自由的可能性。他的行动让人们看到，即使在最黑暗的时刻，希望和自由仍然存在。

此外，《肖申克的救赎》也展示了友情的力量。安迪与瑞德的深厚友谊，让他们在各自最困难的时刻相互支持、鼓励。这种深厚的情谊，不仅让人们看到了人性中最美好的一面，也让人们明白，在困境中，友情是我们最宝贵的财富。

电影《肖申克的救赎》是一部深入人心的经典之作。它不仅让我们反思社会的公平与正义，更让我们感受到人性的力量和希望的价值。无论我们身处何种环境，都不应放弃对自由和希望的追求。正如电影中所说，"希望是美好的事，也许是人间至善"。而安迪用他的行动告诉我们，"心若是牢笼，处处为牢笼，自由不在外面，而在于内心"。

总的来说，《肖申克的救赎》是一部值得我们反复品味的经典之作。无论我们身处何种困境，都不应放弃对自由和希望的追求。正如安迪所说，"希望是美好的事"，而正是这种希望让我们勇往直前，走向自由与光明的未来。

我们还能从哪些角度评价这部电影？

## ChatGPT 回答

除了文章中提到的希望、自由和友情等方面，还可以从以下角度评价《肖申克的救赎》。

### 1. 人性的复杂性

电影展现了人性的复杂性，包括罪犯内心的挣扎、悔过和改变。安迪及其他角色的心路历程，呈现出人性中善恶、希望与绝望的斗争，使观众深入思考人性的多面性。

### 2. 制度与个体

影片探讨了监狱制度对个体的影响。囚犯们在压抑的环境下如何保持尊严、寻找希望，以及制度背后的人性冷漠，引发观众对社会制度和个体命运的反思。

### 3. 自我救赎

影片中的角色不仅是安迪，还有其他囚犯，他们都经历了自我救赎的过程。观众可以探讨每个角色的自我救赎之路，以及这个过程对他们的性格和命运产生的影响。

### 4. 希望的象征

电影中的图书馆、音乐和友谊等元素被视作希望的象征。这些元素不仅给囚犯们带来心灵的慰藉，也表现了希望在绝望环境中的力量。你可以探讨这些象征在影片中的意义，以及它们如何影响角色的心态和行为。

### 5. 导演手法和影像语言

你可以分析导演弗兰克·德拉邦特在影片中运用的镜头语言、音乐、剪辑等手法。这些技巧如何加强了影片的情感表达，使观众更深入地投入故事中。

### 6. 社会批判

影片也是对社会现实的一种批判，揭示了监狱体系中的腐败、权力滥用和不公正。观众可以探讨影片中这些社会问题的根源，以及这些问题对囚犯和社会的影响。

通过以上角度的分析，可以更加深入全面地理解和评价《肖申克的救赎》，并探讨影片所传达的更深层次的主题和意义。

## 书评

书评是以书为对象，实事求是、有见识地分析书的形式和内容，探求创作的思想性、学术性、知识性和艺术性。

写书评一般遵循三个步骤：介绍—评价—推荐。我们在对 ChatGPT 提出要求时，就要把这个要求说清楚。

**提问**

你是一位优秀的文学家，请你给鲁迅的书《彷徨》写一篇书评。要求遵循以下三个步骤：介绍—评价—推荐。

**ChatGPT 回答**

### 彷徨：鲁迅文学的辉煌巅峰

**介绍**

鲁迅是中国现代文学的一位巨匠，他的作品常常深刻地反映了社会、文化和人性的问题。在他的众多文学杰作中，《彷徨》堪称一颗璀璨的明珠。这部作品是他在 20 世纪 20 年代创作的，集结了他独特的文学才华，以及对中国社会动荡时局的深刻观察。本书由多篇小说和散文构成，每一篇都如同一幅思想的画卷，深刻刻画出那个时代人们的彷徨、矛盾和挣扎。

**评价**

《彷徨》中最令人印象深刻的是其对社会现实的无情揭示。

鲁迅以敏锐的眼光透视了当时中国社会的各种问题，包括封建制度的腐朽、文化的落后、道德的颓废，以及人们在这一切中所经历的心灵彷徨。这些作品充满了对社会不公的愤怒和对人性的深刻洞察。

鲁迅的文学语言也是《彷徨》的亮点之一。他的文笔流畅、犀利，同时充满了隐喻和象征，让读者不仅沉浸在故事中，还能深刻思考其中的哲学和道德问题。他的作品通常带有一种讽刺的色彩，这让读者在思考之余也不禁发笑。

除了对社会问题的揭示，鲁迅在《彷徨》中还表现出了对人性的深刻洞察。他通过塑造各种复杂的人物形象，展现了人们在面对道德选择时的挣扎和矛盾。这使作品更具深度和复杂性，吸引着读者深入思考。

**推荐**

如果你是一位热爱文学的读者，尤其对中国现代文学有兴趣，那么《彷徨》绝对值得一读。这部作品不仅是文学的经典之一，也是一面反映时代风貌的明镜。通过鲁迅的笔触，你将能够更深刻地理解 20 世纪初中国社会的彷徨与动荡。此外，鲁迅的文学风格独特，充满思考和反思，将让你在阅读之后陷入深思之中。《彷徨》是一部弥久不衰的文学杰作，它将激发你对文化、社会和人性的思考，不容错过。

## ＊ 创意提问

除了对现有图书或文章进行评论以外，ChatGPT 还可以对我们当下提供的文章进行评论。

标题：《直播行业的繁荣与挑战》

随着互联网技术的飞速发展，直播行业也迎来了前所未有的繁荣。从游戏直播到生活分享，从音乐表演到教育讲座，直播已经成为现代社会中人们交流和娱乐的重要方式。然而，这种快速发展也带来了许多挑战。本文将探讨直播行业的现状、优点、问题及未来发展的趋势。

**一、直播行业的现状**

近年来，直播行业的发展可谓飞速。各大直播平台如雨后春笋般涌现，竞争也日趋激烈。以中国为例，斗鱼、B 站、抖音、快手等平台都在直播领域取得了显著的成果。这些平台不仅吸引了大量的观众，也聚集了众多有才华的直播者。他们通过直播分享生活、交流经验、教授技能，甚至开展商业活动，为直播行业注入了丰富的内涵和广阔的市场。

**二、直播行业的优点**

直播行业之所以受到如此广泛的欢迎，是因为它具有许多优点。首先，直播提供了即时互动的机会，让观众能够与主播进行实时交流，增强了观众的参与感和归属感。其次，直播内容丰富多样，涵盖了各个领域，满足了不同人群的需求。最后，直播行业的兴起也催生了一种新的职业选择，为许多有才华的人提供了展示自我和谋生的平台。

### 三、直播行业的问题

直播行业的发展也带来了一些问题。首先，直播平台的竞争导致了优质内容的争夺。为了吸引观众，一些主播可能会制造噱头、哗众取宠，甚至进行欺诈行为。这不仅影响了直播平台的声誉，也损害了观众的利益。其次，直播行业的盈利模式尚未成熟，很多主播难以获得稳定的收入。此外，版权问题、隐私保护及网络暴力等问题也日益凸显。

### 四、未来发展的趋势

面对这些问题，直播行业也在不断尝试和探索未来的发展方向。一方面，平台开始更加注重内容的品质和原创性，通过优化算法和人工审核相结合的方式，提高优质内容的传播效率；另一方面，随着 5G 技术的普及和 AI 技术的发展，直播行业的未来可能会更加高效、智能和个性化。例如，利用 AI 技术进行内容推荐、观众画像分析等，将使直播更加符合用户需求；5G 技术的高速度和低时延特性也将为直播带来更好的体验。

此外，随着虚拟现实（VR）和增强现实（AR）技术的发展，未来的直播可能会更加沉浸式和交互式。观众可以通过 VR 设备身临其境地参与到直播场景中，与主播进行更深入的互动。这种全新的体验将进一步增强观众的参与感和归属感。

总而言之，直播行业在经历了飞速的发展之后，正面临着新的挑战和机遇。为了持续健康发展，行业需要关注优质内容的创作与传播、主播的培养与保护、盈利模式的创新及技术进步带来的机遇与挑战。只有这样，直播行业才能真正成为连接人与信息、人与人之间的重要桥梁，为人们的生活带来更多的色彩和可能性。

我认为这篇文章不够好，请从批评的角度多方位给这篇文章写一篇书评。

## ChatGPT 回答

《直播行业的繁荣与挑战》一文从多个角度探讨了直播行业的现状、优点、问题及未来发展的趋势，具有很好的全面性。然而，在某些方面，这篇文章还存在一些不足之处。

首先，在文章结构上，可以更清晰地划分各个部分，使读者能够更容易地理解文章的逻辑结构。例如，可以在开篇部分明确提出文章要探讨的主题和观点，然后在正文部分分别展开介绍直播行业的现状、优点、问题和未来发展趋势。这样的结构可以使文章更加有条理，读者能够更好地跟随作者的思路。

其次，在文章的论述中，可以更加深入地挖掘直播行业的问题和挑战。文章提到了一些问题，如竞争导致的噱头制造、盈利模式不稳定等，但可以进一步分析这些问题的根本原因，并提出更具体的解决方案。例如，可以探讨建立更严格的内容审核机制，加强版权保护，推动行业自律等措施，以解决直播行业面临的种种挑战。

再次，文章在未来发展的趋势部分提到了 5G 技术和 AI 技术的应用，但可以进一步探讨这些技术在直播行业中的具体应用场景，以及它们可能带来的影响。例如，可以分析 5G 技术如何提高直播的流畅度和清晰度，以及 AI 技术如何提高内容推荐的准确性和观众互动的深度。

最后，在文章的结尾部分，可以加入对读者的启发或呼吁，引导读者思考直播行业的未来发展方向，鼓励读者积极参与其中，共同推动行业的健康发展。这样的结尾可以使文章更具感染力，引起读者的共鸣和思考。

综上所述，尽管这篇文章已经探讨了直播行业的多个方面，但在结构、论述深度和结尾部分还有提升的空间。通过进一步的修改和完善，可以使文章更加丰富、有力地传达作者的观点，提高文章的质量和深度。

## 第 6 章

学术类写作

## 6.1　信息检索

信息检索作为人类获得信息的主要手段与技术，在人类的知识传播和科学研究中具有重要的作用，是人类知识组织的超链接。近年来，随着社会政治经济的飞速发展，尤其是互联网技术的应用与发展，信息的增长与传播速度达到了前所未有的高度，信息检索的作用更加明显。

信息检索工作是 ChatGPT 的强项，我们可以充分利用 ChatGPT 提高检索工作的效率。用 ChatGPT 协作信息检索，我们可以通过以下步骤实现。

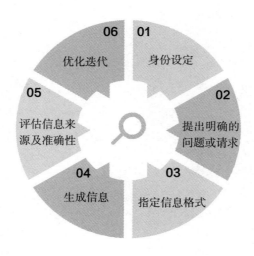

## 数据检索

**身份设定**　首先，我们要让 ChatGPT 知道以什么样的身份进行数据检索。例如，让其作为某个数据库进行数据检索。

**提出明确的问题或请求**　然后，我们要提出检索信息的明确问题或请求。尽量使问题清晰、简洁、具体、明确，避免过于模糊或复杂的问题，以便 ChatGPT 能够理解我们的需求。

**指定信息格式**　如果我们需要特定的格式或结构化数据，可以明确提出请求。

**生成信息**　将上述内容综合输入 ChatGPT 中，即可生成我们需要的信息。

**提问**

2015 年：×××
2016 年：×××
2017 年：×××
…………

请你按照以上格式列出 2015 年到 2018 年中国人口的相关数据。

**ChatGPT 回答**

2015 年：13.75 亿人
2016 年：13.85 亿人

2017 年：13.9 亿人

2018 年：13.95 亿人

**评估信息来源及准确性**　ChatGPT 的信息是基于训练数据提供的，训练数据有时间期限，并且一些数据不一定是最准确的。所以，我们应谨慎对待 ChatGPT 提供的信息，特别是在重要决策或专业性强的问题上。

**优化迭代**　最后，我们根据自己的需求，结合其他搜索工具获取更全面和准确的信息。

## 事实检索

事实检索在问答系统、智能助手和信息检索等领域应用广泛，它可以帮助用户快速获取准确的信息，而不必浏览大量的文本或文档。

事实检索的流程与数据检索大同小异。只是在数据检索中，我们既可以让 ChatGPT 从大数据库中检索相关信息，也可以让其在特定文件中根据需求提取信息或事实。

> **提问**
>
> 请根据以下内容回答我的问题。
>
> 问题：爱因斯坦有哪些科学成就？
>
> 爱因斯坦（1879 年 3 月 14 日—1955 年 4 月 18 日），出生于

德国巴登——符腾堡州乌尔姆市，美国和瑞士双国籍的犹太裔物理学家。

　　爱因斯坦出生于德国乌尔姆市的一个犹太人家庭（父母均为犹太人），1900 年毕业于瑞士苏黎世联邦理工学院，入瑞士国籍。1905 年，爱因斯坦获苏黎世大学物理学博士学位，并提出光子假设，成功解释了光电效应（因此获得 1921 年诺贝尔物理学奖）；同年创立狭义相对论，1915 年创立广义相对论，1933 年移居美国，在普林斯顿高等研究院任职，1940 年加入美国国籍，同时保留瑞士国籍。1955 年 4 月 18 日，爱因斯坦于美国新泽西州普林斯顿逝世，享年 76 岁。

　　1999 年 12 月，爱因斯坦被美国《时代周刊》评选为 20 世纪的 "世纪伟人"（Person of the Century）。

　　爱因斯坦的理论为原子能的开发奠定了理论基础。为帮助对抗纳粹统治，他曾在利奥·西拉德等人的协助下致信美国总统富兰克林·罗斯福，直接促成了曼哈顿计划的启动。而第二次世界大战后，他积极倡导和平，反对使用核武器，并签署了《罗素－爱因斯坦宣言》。爱因斯坦开创了现代科学技术新纪元，被公认为是继伽利略、牛顿之后最伟大的物理学家之一，也是批判学派科学哲学思想之集大成者和发扬光大者。

**ChatGPT 回答**

　　爱因斯坦是 20 世纪最伟大的物理学家之一，他的科学成就包括以下方面。

1. 光电效应解释和光子假设（1905 年）：爱因斯坦提出了光子假设，认为光是由粒子（光子）组成的。这一理论成功解释了光电效应，为量子力学的发展提供了基础。

2. 狭义相对论（1905 年）：1905 年，他提出了狭义相对论。该理论描述了高速运动物体的运动和相对性原理，彻底改变了我们对时空的理解。

3. 质能关系：爱因斯坦提出了著名的质能关系公式 $E=mc^2$，表明质量和能量之间存在等价关系，为原子能的发展提供了理论基础。

4. 广义相对论（1915 年）：他提出了广义相对论，该理论描述了引力的工作原理，解释了大质量物体之间的引力相互作用，也为宇宙学和黑洞等领域的研究提供了理论支持。

5. 曼哈顿计划的推动（1942 年）：在第二次世界大战期间，爱因斯坦的信件直接促成了曼哈顿计划的启动，该计划是美国发展原子弹的研究项目。

6. 和平倡导和反核武器运动：第二次世界大战结束后，爱因斯坦积极参与和平运动，反对核武器的使用，并签署了《罗素—爱因斯坦宣言》。

这些成就使爱因斯坦被认为是现代物理学的奠基人之一，他的贡献对科学界和人类文明产生了深远的影响。

ChatGPT 根据问题提供了相关的事实性回答。然而，ChatGPT 的回答是基于它在训练时学到的知识，并且可能会受到训练数据的限制。因此，这些回答可能不是百分之百准确或完整的。对于更加复杂或专业的问题，如果需要更精确的事实信息，我们可以使用专门的事实检索系统、引擎或数据库进行查询。

## 6.2　知识图谱

知识图谱是知识工程的分支，包含各种知识，如常识、历史事件、地理信息等。这种图谱被广泛应用于搜索引擎、智能助手等领域，帮助系统理解用户查询的语境，提供准确的信息，其目标是建立一个结构化的知识库。

我们用 ChatGPT 制作知识图谱时要注意提供详细信息以保证答案的准确性，提问时可以参考以下流程。

### 通用知识图谱

通用知识图谱是为横向需求提供服务的，注重的是横向覆盖面，拥有各个领域的大量实体，通过领域间的关系形成多维度的知识图谱。通用知识图谱被应用于搜索、推荐和问答等业务场景。

**明确主题和范围**　首先，我们要确定一个自己希望构建知识图谱的主题和范围。这可以是一个广泛的主题。

**给出详细信息**　其次，我们要把具体的信息提供给 ChatGPT，让其创建知识图谱。如果我们对信息掌握得不够，也可以使用 ChatGPT 搜索和提取关于主题的信息。我们可以问 ChatGPT 相关问题，要求它提供解释、定义、历史背景等信息。

**提问**

- "太阳能发电技术是什么？"
- "太阳能发电的历史是怎样的？"
- "现代太阳能电池技术有哪些？"
- "太阳能发电在环保方面的作用是什么？"

请依次回答以上问题。

**ChatGPT 回答**

1. 太阳能发电技术是一种利用太阳能将光能转化为电能的技术，主要通过太阳能电池（也称为光伏电池）来实现。太阳能电池是一种半导体器件，当受到阳光照射时会产生电流。这些电流可以直接用来供电，也可以储存在电池中以备后用。太阳能发电技术被广泛应用于家庭、工商业和工业等领域，是一种清洁、可再生能源技术。

2. 太阳能发电的历史可以追溯到 19 世纪。1839 年，法国物理学家夏尔—奥古斯丁·德·库仑首次观察到了光照射在某些材料上时产生电流的现象，这被认为是太阳能电池的原始发现。然而，直到 20 世纪中期，太阳能电池的效率和成本才逐渐得到改善，使其成为一种可行的发电技术。20世纪70年代以来，随着技术的不断进步，太阳能逐渐成为主流的清洁能源之一。

3. 现代太阳能电池技术主要包括单晶硅、多晶硅、非晶硅等类型。单晶硅太阳能电池具有较高的转换效率，但制造成本较高。多晶硅太阳能电池在效率和制造成本之间取得了较好的平衡，被广泛应用于市场。非晶硅太阳能电池具有较低的制造成本和灵活性，适合在一些特殊场合使用。此外，还有其他一些新型太阳能电池技术在不断研究和发展中，以提高太阳能发电的效率和降低成本。

4. 太阳能发电在环保方面具有重要作用。首先，太阳能是一种无限的可再生能源，不会像化石燃料那样造成资源枯竭。其次，太阳能发电过程中不产生二氧化碳等温室气体和其他污染物，对减缓气候变化和改善空气质量具有显著的环保效益。此外，太阳能发电可以减少对化石燃料的依赖，降低能源安全风险。因此，太阳能发电被视为一种清洁、可持续、环保的能源选择，有助于实现可持续发展目标。

**生成知识图谱** 接下来，我们就可以让ChatGPT生成知识图谱。在ChatGPT 3.5版本中，我们得到的知识图谱是文字形式的。所以，我们需要把文字结构输入其他工具中，借助其他工具完成知识图谱。

**提问**

请以上述信息为参考，创建一个主题为"太阳能发电技术"

的知识图谱。

## ChatGPT 回答

当涉及创建一个关于"太阳能发电技术"的知识图谱时，以下是一个简化版本，展示了相关概念和它们之间的关系。

1. **太阳能发电技术**

   - 定义：利用太阳能将光能转化为电能的技术。
   - 类型：单晶硅、多晶硅、非晶硅等。

2. **太阳能电池**

   - 定义：半导体器件，受到阳光照射时产生电流。
   - 类型：单晶硅太阳能电池、多晶硅太阳能电池、非晶硅太阳能电池等。
   - 作用：将光能转化为电能供电或储存。

3. **太阳能发电的历史**

   - 19 世纪：太阳能电池的原始观察。
   - 20 世纪中期：技术逐渐改善，成为可行的发电技术。
   - 20 世纪 70 年代以来：成为主流清洁能源之一。

4. **环保作用**

   - 无限可再生：太阳能是无限的可再生能源。
   - 减少对化石燃料的依赖：降低能源安全风险。
   - 实现可持续发展：清洁、可持续、环保的能源选择。

请注意，这只是一个简单的知识图谱示例。实际上，"太阳能发电技术"的知识图谱可以更加复杂和详细，包括更多的子概念、具体技术、发展历程等。

**细化补充**　最后，我们可以在图谱上添加详细信息，包括具体的数据、案例、引用文献等，以丰富图谱的内容。

**图谱可视化**　ChatGPT 生成的图谱是文本形式，实际应用中，我们可以使用专业的知识图谱工具或软件创建可视化的知识图谱。

## 领域知识图谱

领域知识图谱是为纵向需求提供服务，注重纵深覆盖面。领域知识图谱专注于特定领域的知识，如医学、金融、法律等，包含该领域的专业术语、关系和规则，为特定领域的应用提供支持。

用 ChatGPT 生成领域知识图谱的过程与通用知识图谱相似，需要注意的是明确图谱类别是领域知识图谱。

**提问**

请制作一个关于人工智能的领域知识图谱。

**ChatGPT 回答**

由于文字格式的限制，我无法在这里直接呈现一个图形化的知识图谱。但是，我可以为你提供一个关于人工智能领域的简化文本版的知识图谱。你可以将以下内容整理成图形化的图谱，以便更清晰地展示人工智能的各个方面。

## 人工智能领域知识图谱

1. 人工智能概述

- 定义：模拟人类智能的机器系统。
- 目标：完成机器学习、自然语言处理、计算机视觉等智能任务。

2. 人工智能子领域

- 机器学习
- 监督学习
- 无监督学习

…………

3. 人工智能应用

- 医疗保健
- 疾病诊断
- 医疗图像分析

…………

4. 人工智能伦理和社会影响

- 隐私问题
- 就业影响
- 算法偏见
- 责任和透明度

这只是一个简化版的人工智能领域知识图谱，你可以根据需要添加更多的子领域、应用和相关议题，使图谱更加详细和全面。希望这个基本框架能帮助你开始创建自己的人工智能知识图谱！

## 6.3　论文大纲

编写论文大纲可以帮助我们系统地组织论文的内容，确保论文的逻辑结构清晰、合理。我们使用 ChatGPT 编写论文大纲，可以参考以下流程。

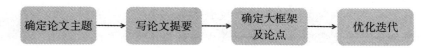

**确定论文主题**　确定论文大方向后，我们要确定一个准确、简练、醒目、新颖的论文主题，可以让 ChatGPT 提供帮助。

**提问**

请从生态保护方面写几个论文选题。

**ChatGPT 回答**

当涉及生态保护方面的论文选题时，有很多值得探讨的主题。以下是一些可能的论文选题，可以根据你的兴趣和研究重点进一步进行探讨。

1. 气候变化对生态系统的影响：探讨气候变化对不同生态系统（如森林、湿地、珊瑚礁等）的影响，以及应对气候变化的生态保护策略。

2. 生物多样性保护与恢复：研究生物多样性的价值，以及保护和恢复生物多样性的策略，包括保护濒危物种和生态系统。

3. 土地利用变化与生态系统健康：探讨城市化、农业扩张和其他土地利用变化对生态系统的影响，以及可持续土地利用的方法。

4. 水资源管理与保护：研究水资源的可持续利用，包括河流、湖泊和地下水，以及水资源保护和污染防治的方法。

5. 海洋生态系统保护：探讨海洋生态系统的重要性，以及海洋污染、过度捕捞和气候变化等因素对海洋生态系统的影响，提出海洋生态系统保护的策略。

6. 社区参与生态保护：研究社区参与生态保护的重要性，探讨社区参与保护活动的方法和效果，以及社区参与对生态系统健康的影响。

7. 可持续发展与生态保护：分析可持续发展与生态保护之间的关系，研究可持续发展政策和实践对生态系统的影响。

8. 生态旅游与生态保护：探讨生态旅游的概念，研究生态旅游对自然环境和当地社区的影响，以及如何在生态旅游中实现生态保护的目标。

9. 生态系统服务与生态保护：研究生态系统服务的概念，分析生态系统服务在人类生活中的重要性，以及如何保护生态系统以维护生态系统服务的稳定性。

10. 生态保护政策与法律：分析不同国家和地区的生态保护政策及法律体系，评估这些政策的有效性，提出改进建议。

在选择论文选题时，你可以根据自己的兴趣和所在领域的需要进行选择，并确保选题具有足够的深度和研究价值。

**写论文提要**　确定论文主题后，我们可以让 ChatGPT 继续帮助完成论文提要的创作。

请根据第 8 个选题写出论文摘要。

**ChatGPT 回答**

### 论文摘要

标题：《生态旅游与生态保护：实现可持续发展的路径》

摘要：

本研究旨在探讨生态旅游作为一种可持续发展的策略，如何在保护自然生态系统的同时促进地方经济增长和社区参与。随着旅游业的快速发展，生态旅游作为一种旅游方式，强调游客与自然环境的互动，以及对当地文化的尊重。本文通过文献综述和实地案例研究，分析了生态旅游对生态系统的影响，并探讨了生态旅游在可持续发展中的作用。

研究发现，生态旅游不仅可以为游客提供与自然环境亲密接触的机会，还能够增加当地居民的就业机会，提高生活质量，并且在提供旅游体验的同时，保护当地生态系统的完整性。然而，为了实现生态旅游的可持续发展，需要建立合适的管理和监管体系，保护自然资源，防止过度开发和破坏。此外，社区参与和教育也被证明是推动生态旅游可持续发展的关键因素，通过增强当地居民的环保意识和提供相关培训，可以更好地保护自然环境。

最后，本文提出了在推动生态旅游与生态保护相结合的可持续发展过程中，政府、旅游业界和社区应该共同合作，制定相关政策，加强监管，推动生态旅游项目的实施，以实现旅游业的可持续发展，促进当地经济增长，同时保护珍贵的自然资源和生态系统。

关键词：生态旅游、可持续发展、生态保护、社区参与、旅游管理。

**确定大框架及论点**　我们需要结合全文，让 ChatGPT 帮助确定论文框架，也就是论文目录。

提问

根据以上内容列出论文框架及每一部分的论点。

ChatGPT 回答

**论文框架**

I. 引言

A. 背景介绍

B. 研究目的和意义

C. 研究方法和范围

D. 论文结构概述

Ⅱ. 生态旅游的概念和原则

A. 定义和特点

B. 生态旅游的基本原则

C. 生态旅游与传统旅游的区别

Ⅲ. 生态旅游对生态系统的影响

A. 生态旅游的生态效应

B. 生态旅游对自然环境的保护作用

C. 生态旅游与生物多样性保护

Ⅳ. 生态旅游与社区经济

A. 生态旅游对当地经济的促进作用

B. 生态旅游与就业机会

C. 社区参与和经济发展

Ⅴ. 生态旅游的可持续发展策略

A. 管理与监管体系建设

B. 教育与宣传活动

C. 社区参与机制建立

D. 生态旅游的规划和设计

Ⅵ. 生态旅游案例研究

A. 成功的生态旅游项目案例分析

B. 案例中的最佳实践和经验教训

Ⅶ. 结论

A. 研究总结

B. 结论和洞见

C. 对未来研究的建议

**每一部分的论点**

I. 引言

A. 背景介绍：生态旅游的快速发展和对自然生态系统的挑战。

B. 研究目的和意义：探讨生态旅游在保护生态系统的同时促进可持续发展的可能性。

C. 研究方法和范围：介绍文献综述和案例分析的方法，以及研究范围的限定。

D. 论文结构概述：概述各个章节的主题和内容。

II. 生态旅游的概念和原则

A. 定义和特点：阐述生态旅游的定义和其与传统旅游的区别。

B. 生态旅游的基本原则：介绍生态旅游的核心原则，如可持续性、环保、社区参与等。

III. 生态旅游对生态系统的影响

A. 生态旅游的生态效应：分析生态旅游对自然环境的积极影响，如生态修复、野生动植物保护等。

B. 生态旅游对自然环境的保护作用：探讨生态旅游在避免生态系统破坏方面的实际效果。

C. 生态旅游与生物多样性保护：研究生态旅游与生物多样性之间的关系，以及生态旅游在保护濒危物种方面的作用。

IV. 生态旅游与社区经济

A. 生态旅游对当地经济的促进作用：分析生态旅游对当地经济的直接和间接影响，如旅游收入、就业率等。

B. 生态旅游与就业机会：探讨生态旅游对当地居民就业的影响，包括就业类型和数量的变化。

C. 社区参与和经济发展：研究社区参与机制的建立，以及社区居民在生态旅游中的经济角色。

V. 生态旅游的可持续发展策略

A. 管理与监管体系建设：提出建立健全的生态旅游管理和监管体系的必要性，包括政府角色、法规制度等。

B. 教育与宣传活动：分析教育和宣传活动在提高游客及社区居民环保意识方面的作用。

C. 社区参与机制建立：探讨建立有效的社区参与机制，包括决策参与、利益分享等。

D. 生态旅游的规划和设计：提出生态旅游项目规划和设计中需要考虑的生态保护因素，如景区布局、游客流量控制等。

Ⅵ. 生态旅游案例研究

A. 成功的生态旅游项目案例分析：分析具体生态旅游项目，探讨其成功因素。

B. 案例中的最佳实践和经验教训：总结成功案例中的最佳实践，以及遇到的挑战和解决方案。

Ⅶ. 结论

A. 研究总结：总结研究的主要发现和贡献。

B. 结论和洞见：提出对生态旅游与生态保护未来发展的看法和建议。

C. 对未来研究的建议：探讨该领域未来研究的方向，提出可能的研究课题。

**优化迭代**　最后，我们可以参考 ChatGPT 给出的框架内容，根据需求修改框架及论点，提高论文质量。

# 6.4　学术论文

优秀论文离不开前期的资料收集、整理、筛选，以保证最终成果与主题契合。而事实上，素材的收集、整理、汇总、分析都异常烦琐，无疑是个庞大工程。但是，ChatGPT 凭借强大的 AI 功能，就能化繁为简，将一套烦琐流程整理成一条简单思路。

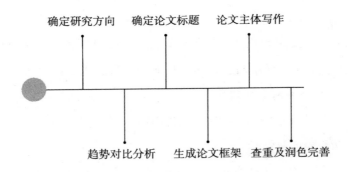

## 研究型论文

研究型论文需要通过研究项目、方法、结果和结论，回答特定研究问题和假设。所以，我们需要引导 ChatGPT 循序渐进。

**确定研究方向**　这是写论文的第一步，尤为关键。如果没有确切的方向选择，我们可以将写作的专业方向、主体思想等重要信息告知 ChatGPT，它会给我们相应的反馈。

**趋势对比分析**　针对论文方向，从选题的背景、持续热度、潜在价值、市场影响等方面，进行全方位、深层次、多维度的趋势对比分析。

**确定论文标题**　确定好论文研究方向后，下一步就要确定论文标题。如果对标题没有想法，也可以让 ChatGPT 协助。

**生成论文框架**　在论文标题确定的基础上自动生成论文大纲，包括标题、摘要、引言、实验、结果、结论、致谢和参考文献。

### 提问

请以"人工智能、区块链与金融创新：数字经济时代的新兴范式"为标题，生成一份含小标题、摘要、引言等格式完整的论文大纲。

### ChatGPT 回答

论文标题：《人工智能、区块链与金融创新：数字经济时代的新兴范式》

Ⅰ. 摘要

在数字经济时代，人工智能（AI）和区块链技术作为新兴力量，正在彻底改变金融领域的商业模式和创新路径。本论文旨在深入探讨 AI 和区块链在金融创新中的作用，分析其对数字经济时代金融体系的影响，揭示新兴范式下的挑战与机遇，为未来金融发展提供策略性建议。

············

**Ⅶ. 结论**

本文通过深入研究人工智能、区块链与金融创新的关系，揭示了数字经济时代新兴范式下的机遇和挑战。未来，金融领域将进一步依赖这些技术的融合与创新，为全球金融体系的稳定和可持续发展开辟新的道路。

**论文主体写作**　补充论文的细节内容，包括研究方法、语法、术语用词、段落构造等。

**提问**

请根据论文标题和大纲，在研究方法、语法、术语用词、段落构造等方面完善论文主体。

**ChatGPT 回答**

论文主体

Ⅳ. 人工智能、区块链与金融创新

4.1　人工智能驱动的金融创新

在这一部分，我们将深入研究人工智能在金融领域的应用，包括机器学习算法在金融预测中的应用、智能客服和虚拟助手的发展以及 AI 在反欺诈和安全领域的作用。

…………

以上是论文主体的部分内容，您可以根据这个框架进一步完善论文的细节内容，确保论文的方法、语法、术语用词和段落结构等方面都符合学术要求，同时展现对"数字经济与金融创新"这个主题的深入思考和独到见解。

**查重及润色完善**　在论文的写作过程中，请务必注意引用和参考文献的准确性，确保所引用的内容符合学术规范。使用学术查重工具检查论文，以确保论文的原创性和学术诚信。

## 综述型论文

与研究型论文不同，综述型论文需要回顾、综合之前的研究，提供详尽的文献综述，总结指定领域的研究进展、成果、趋势和重要发现。

提问

2050 年，朱博士研究出了游戏币经济，并在各大知名经济杂志发表。研究表明，未来会以游戏币经济为主，将在 10 年内使社会经济发展至顶峰，并且有望继续发现更有价值的植物币和动物币，可能是未来持续更久的科学经济。请以此为研究方向，写一篇包含标题、摘要、引言、实验、结果、结论、致谢和参考文献的综述型论文。

### ChatGPT 回答

标题：《游戏币经济：未来科学经济的新兴驱动力》

摘要：

本文探讨了朱博士关于游戏币经济的研究成果，该研究预示了游戏币经济将在未来 10 年内引领社会经济发展至顶峰，并且可能持续演进为更有价值的植物币和动物币。通过系统分析其概念、应用、潜力和前景，本文突显了游戏币经济作为未来持续更久的科学经济的关键角色。研究结果提示游戏币经济的兴起将对社会、经济和环境产生深远影响，为未来经济体系的可持续发展提供新的思路。

引言：

随着数字技术的蓬勃发展，游戏币经济作为一种全新的交易媒介和价值储存方式，正在引领着未来经济的发展方向。朱博士的研究为我们揭示了游戏币经济的巨大潜力，本文旨在深入探讨这种新兴经济形式背后的机制，分析其在经济体系中的作用，并展望其未来可能的演进方向。

实验：

我们基于朱博士的研究成果，通过大规模数据分析、数学模型建立和模拟实验，系统研究了游戏币经济在现实世界中的应用。实验设计考虑了游戏币经济的发展对社会各个领域（包括金融体系、消费行为、生态环境等）的影响，以全面评估其可持续性和发展潜力。

结果：

我们的实验结果表明，游戏币经济不仅提高了交易效率，降低了交易成本，还促进了社会创新和合作。游戏币经济的崛起将推动传统经济体系向数字化、智能化发展，同时为社会提供了更加灵活、可持续的发展路径。

结论：

综合实验结果和朱博士的研究成果，我们得出结论：游戏币经济将成为未来科学经济的新兴驱动力。它的广泛应用将不仅推动数字经济的繁荣，也有望催生更多有价值的数字化货币形式，为经济体系的长期稳定发展提供新的机遇。我们呼吁政府、企业和学术界共同合作，积极探索游戏币经济的发展路径，以实现经济社会的可持续繁荣。

致谢：

我们衷心感谢朱博士的研究成果，为本文提供了宝贵的理论基础和研究方向。同时，我们也感谢所有参与该研究的学者和研究人员，他们的工作为本文提供了丰富的数据支持和深入的讨论。

参考文献：

…………

## 应用型论文

将特定理论、技术应用到实际问题中，强调解决实际挑战的方法和成果及实际场景。

> 提问

近日，科技研究所研究表明，水经过一系列技术应用，可以转化为汽油，且排出的气体无毒无害。怎样将这项技术应用到实际场景中？应用过程中会遇到什么问题？在实际场景中的效果又如何？请以此为研究方向写一篇包含标题、摘要、引言、实验、结果、结论、致谢和参考文献的应用型论文。

> ChatGPT 回答

标题：《水转化为汽油的技术应用及其实际效果研究》

摘要：

本研究旨在探索将水转化为汽油的技术应用，并评估其在实际场景中的效果。科技研究所的研究证明了水经过一系列技术应用后可以转化为汽油，并且排出的气体无毒无害。本文对该技术进行了深入研究和实验验证，探讨了在实际应用中可能遇到的问题，并分析了实际场景中的效果。实验结果显示，水转化为汽油的技术在减少对传统石油资源的依赖、降低环境污染等方面具有潜在的重要意义。然而，技术应用过程中仍然存在一些挑战，需要进一步研究和改进。本研究为水转化为汽油技术在实际应用中的推广提供了理论和实践基础。

引言：

随着能源需求的不断增长和环境问题的日益严重，寻找替代能源和清洁能源已成为全球研究的热点之一。水转化为汽油的技术被认为是一种潜在的解决方案，因为水是一种丰富的资源，而且转化过程中排出的气体无毒无害。然而，尽管科技研究所的研究取得了初步成功，但将该技术应用到实际场景中仍然面临许多挑战和问题。本文旨在通过实验和分析，探讨该技术在实际应用中的可行性和效果。

实验：

我们在实验室搭建了水转化为汽油的技术应用实验系统。首先，我们收集了水样本并进行预处理，去除其中的杂质。然后，我们将水样本引入转化装置中，在经过一系列技术处理后，观察并收集产生的汽油和气体。在实验过程中，我们对各个环节的参数进行了调节和优化，以获得最佳转化效果。

结果：

经过实验验证，我们成功地将水转化为汽油，并且排出的气体无毒无害。在适当的条件下，我们实现了高效的水转化率和汽油产率。然而，在实际应用中，我们也发现了一些问题和挑战，例如，技术设备的稳定性、能源消耗及成本控制等方面仍需要进一步优化和改进。

结论：

水转化为汽油的技术在减少对传统石油资源的依赖、降低环境污染等方面具有重要意义。尽管在实验中取得了一定的成功，但将该技术应用到实际场景中仍然面临诸多挑战。未来的研究方向应重点关注技术的稳定性、成本效益及大规模应用的可行性等问题。

致谢：

感谢科技研究所对本研究的支持和帮助，感谢实验室的同事们在实验过程中的配合和支持。

参考文献：

…………

## 6.5　文献综述

文献综述是科学研究的重要组成部分，一般包括摘要、引言、主体和参考文献 4 个部分。传统的文献综述通常由人工撰写，而 ChatGPT 作为一种自动化工具，可以为研究者提供快速、准确且具有洞见力的文献分析。具体流程如下。

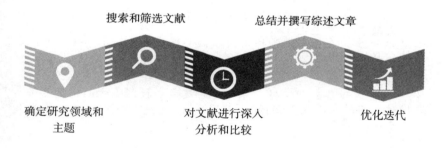

确定研究领域和主题　明确研究领域和主题，以便在 ChatGPT 中进行文献搜索和筛选。

检索和筛选文献　这是撰写综述的重要前提工作，我们要先自行收集符合条件的文献并根据需求进行筛选。

对文献进行深入分析和比较　接下来，我们需要在研究背景、意义、结果、创新点和不足等多方面对文献进行深入分析和比较。这样才能更全面地理解研究领域的发展趋势、现有研究的优劣和创新点，为研究项目提供更深入的洞察和建议。

**总结并撰写综述文章**　将最终筛选出来的文献导入 ChatGPT 中，向其发布口令，即可生成一篇文献综述。

**提问**

文献 1：《全球人工智能发展现状、挑战及对中国的建议》，程晓光，2022 年 1 月。

摘要：当前，人工智能（AI）已经成为各国必争的科技创新高地，政府、学术机构、企业都高度重视……

关键词：人工智能；发展趋势；应用前景；全球竞争

文献 2：《东亚人工智能伦理研究现状与发展趋势探析》，郭佳楠，赵姗，2024 年 1 月 10 日。

摘要：人工智能技术在全球范围内的快速迭代显著提升了人类福祉，同时也催生了如操纵、"黑箱"、歧视、隐私、责任困境等伦理问题……

关键词：中日韩；人工智能；政策；伦理；学术性认知与地方实践；流行文化

文献 3：《我国人工智能标准化建设现状与展望》，叶海波，相梦垚，2024 年 3 月 7 日。

摘要：人工智能的迅猛发展引发了诸多担忧，世界各国积极探索人工智能治理路径……

———————◆◆◆◆————————

请你根据这些文献，写一份主题为"人工智能的未来发展趋势"的文献综述。文献综述要包含摘要、引言、主体和参考文献四部分内容。

（因参考文献篇幅较长，此处提问有删减）

### 人工智能的未来发展趋势

**摘要：**

人工智能（AI）作为全球科技创新的重要领域，在政府、学术界和企业的共同努力下，取得了显著的进展。然而，人工智能发展所带来的伦理、标准化和政策等方面的挑战也日益凸显。本文综合分析了三篇相关文献，探讨了人工智能的发展现状、挑战及对中国的建议，旨在揭示人工智能未来的发展趋势。

**引言：**

近年来，全球范围内人工智能技术的迅速发展给社会经济带来了巨大的影响，但也引发了一系列伦理、政策和标准化等方面的问题。针对这些问题，学术界和政府部门纷纷展开研究和探讨。本文将从不同维度综合分析人工智能的未来发展趋势，为中国在人工智能领域的发展提供参考和建议。

**主体：**

程晓光（2022 年）在文献中强调了全球各国对人工智能的高

度重视和竞争态势。政府、学术机构和企业纷纷加大投入，推动人工智能技术的创新和应用。然而，人工智能的发展也面临诸多挑战，需要政策、伦理和标准化等方面的支持和规范。

郭佳楠和赵姗（2024 年）在其文献中着重探讨了人工智能伦理方面的问题。他们指出，人工智能技术的快速迭代提升了人类福祉，但也催生了伦理困境，如操纵、歧视和隐私问题等。东亚地区尤其需要加强人工智能伦理研究，并制定相应的政策，促进学术认知与地方实践的结合。

叶海波和相梦垚（2024 年）的文献则聚焦于人工智能标准化建设。他们指出，人工智能的迅猛发展给各国带来了担忧，需要积极探索标准化路径，建立人工智能治理体系，促进全球合作与共享。

结论：

综合以上文献的内容可以看出，人工智能在全球范围内已经成为各国竞争的焦点领域。未来，中国在人工智能领域的发展应着眼于加强伦理研究、推动标准化建设、制定相应政策，并加强国际合作，共同应对人工智能发展中的挑战与机遇。

参考文献：

［1］程晓光.全球人工智能发展现状、挑战及对中国的建议［J］.科技与经济，2022（1）：64-70.

［2］郭佳楠，赵姗.东亚人工智能伦理研究现状与发展趋势探析［J］.社会科学论坛，2024（1）：196-211.

［3］叶海波，相梦垚.我国人工智能标准化建设现状与展望［J］.质量与认证，2024（3）：28-30.

**优化迭代**　根据 ChatGPT 的回复逐步调整指令，直至得到满意的结果。需要注意的是，ChatGPT 在进行文献分析时，应结合其他传统方法，如内容分析、批判性思维等，以确保分析结果的准确性和全面性。

## 6.6　标题撰写

决定用户是否会打开一篇文章的第一要素，就是标题能否吸引人。好的标题对于文章传播来说事半功倍。ChatGPT 可以帮助我们生成一些吸引读者注意的标题，以下流程供参考。

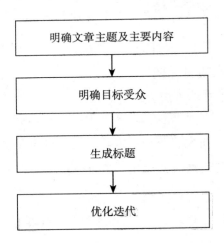

**明确文章主题及主要内容**　在撰写标题前，要明确文章的主题及主要内容，避免标题与文章不符。

**明确目标受众**　明确目标受众，了解他们的兴趣和需求，从而确定吸引他们的标题风格。

**生成标题**　我们将以上内容综合起来输入 ChatGPT 中，让它多写几个标题供我们选择。

**提问**

请帮我的文章取个标题。文章主题为年末大促销，主要内容是商城内全部产品 3 折起。目标受众为 20 ～ 60 岁的女性。

**ChatGPT 回答**

《狂欢年末，女性独享 3 折盛宴！》

**优化迭代**　我们对 ChatGPT 给出的标题不满意时，可以不断引导它给出高质量标题。我们也可以直接在 ChatGPT 给出答案的基础上突出其亮点内容，吸引读者注意。

## 第 7 章

# 向 AI 写作新时代迈进

# 7.1 ChatGPT 开启半自动写作时代

ChatGPT 横空出世以来，不断刷新着人们对人工智能的认知，给整个写作领域带来了极大的震撼。半自动写作时代也随之而来。

这种基于深度学习的人工智能技术，通过学习大量的文本数据，不断自我优化和提升。其展现出的智能化和自动化特性，使写作变得更加高效、便捷。

当人们尝试使用 ChatGPT 进行写作时，它就能够快速根据用户的需求生成文章、摘要或其他形式的内容。同时，ChatGPT 还能够根据用户的偏好和需求，自动调整文本的语言风格、表达方式等，从而提供更加个性化、贴心的写作服务。

ChatGPT 不仅提高了写作的效率和质量，同时也打破了传统写作的局限性和束缚。人们可以借助 ChatGPT 的力量，快速生成多样化的写作形式和内容，从而更好地满足不同领域和场景的需求。

媒体从业人员开始用 ChatGPT 写新闻，自媒体从业人员开始用 ChatGPT 写文案，行政从业人员开始用 ChatGPT 写通知、讲话稿，程序员们开始用 ChatGPT 写代码……似乎转眼之间，

ChatGPT 的能量就在各行各业传开。与此同时，随着 ChatGPT 学习量及算力的进一步提升，它表现出来的能力不断升级，似乎已经无所不能。

随着 ChatGPT 的广泛应用，很多有实力的互联网企业快速在 AI 写作方面布局发力。在很短的时间内，一大批 AI 写作平台便相继亮相。

很明显，ChatGPT 的技术壁垒并没有像光刻机一样高，它需要的就是更大的学习量，更强的算力。于是，Jasper、QuillBot、Textio 等 AI 写作平台如雨后春笋般涌现。国内的互联网企业，此次反应也非常迅速。在很短一段时间内，百度推出"文心一言"，阿里巴巴做了"通义"，腾讯拿出"文涌"，科大讯飞推出"讯飞星火"……

为什么这些企业会不约而同地在这个板块发力呢？除了其背后巨大的商业价值，这种有着革命性意义的科技巨变更是大国博弈的又一重要领域。完全可以预见，AI 大模型在机器翻译、智能客服、舆情监测、对话生成等方面的优势，必将使其在未来的交通、能源、金融、医疗等一系列行业发挥巨大作用。

这场源自科技的竞争，一定意义上同 20 世纪 90 年代 PC 操作系统的竞争相似，同样具有垄断性的倾向和趋势，一旦输掉竞争，就可能会失去整个市场。因此，当下在人工智能大模型的发展竞争中，势必不敢落于下风。

未来数年，我国无论是政府还是资本，都应给予智能大模型研发相关的企业和机构更多支持和宽容，共同推进我国人工智能大模型的发展。我国应从国家战略科技力量的整体高度出发，组成优势互补的产业协同组合；发挥科研机构在关键核心技术上的研究优势，同时发挥大型科技企业在产品化、工程化、场景化、商业化和数据化方面的优势，成为大模型技术攻关和应用的龙头；以大型科技企业及重点科研机构为龙头，通过开源、合作、众包和生态的创新模式，引导高校、科研机构和创新型企业形成多个技术路线的创新生态群。

单就写作而言，与传统写作相比，AI 写作的优势非常明显。

第一，AI 写作的最大特点就是快，能够大幅提高写作的效率。传统写作往往是一个漫长、煎熬的过程，框架构思、材料收集、组织写作等任何一个环节都不能懈怠。而 AI 写作的最大特点就是快，快得不可思议。在极短的时间内，它便可以根据我们提出的要求写一篇质量较好的文章，即使有些地方不妥，只需要进行二度修改便可完成，极大地提高了工作效率。

第二，AI 写作可以帮助作者大幅提升写作的质量。AI 写作可以从语法检查、语义分析、语言风格优化等方面对文本进行处理，从而提高文本的质量和可读性。AI 写作工具可以根据用户的需求和偏好，自动生成符合要求的文本内容，避免了传统写作中可能出现的错误和不规范之处。AI 写作还可以利用其非常强大的搜索、提炼能力，为文章写作提供更多素材，使文章更加完善。

第三，AI 可以随意切换写作风格。传统写作必然会受限于作者的经验和思维模式，在多种文体文风中切换有很大难度。但是，AI 写作却不受限于此，通过算法的深度学习，就能轻松掌握任何一种文体和文风的特点，并快速生成不同风格的文章。因此，AI 写作能满足不同领域的写作要求，如新闻媒体、广告、公关、营销等。

第四，AI 可以处理大量数据，切入角度更多、更全面。与 AI 写作相比，传统写作因为受限于人力和精力，很难在短时间内对大量的数据进行处理，对大量的相关资料进行整理，因此在具体的写作中会受到很多限制。AI 写作却可以很快地从多个角度对数据进行分析和整理，优势极其明显。

第五，AI 能够让文章在多种语言之间随意切换。关于这一点，与 AI 写作相比，传统写作的劣势更加明显。全球化快速发展，跨语种沟通的需求越来越多，AI 的多语言优势大幅提升了写作效率。

第六，AI 写作能大幅降低写作成本。传统写作除了需要耗费大量的时间，还需要有专业的编辑和校对人员辅助完成。AI 写作的运作模式却完全不同，写作成本自然会大幅降低。

随着 AI 技术的不断发展和完善，这些优势会表现得越来越明显。这些优势的存在必然导致半自动写作在未来的应用会更加广泛，当然也会为我们带来更多的便利和惊喜。

## 7.2　AI 写作将对文字创作领域产生深刻影响

AI 写作在当下发展得如火如荼，它必然会对文字创作领域产生深刻影响。

AI 写作的本质就是机器通过学习掌握语言的规则，然后根据所掌握的规则进行输出。因此，它的这个特点使其在代替格式化文本方面的优势将会非常明显。我们完全可以预见，在不远的将来，大量的格式化文体写作将成为 AI 写作的主战场之一。

例如，新闻报道就最先成为人机合作的受益行业之一。新闻报道不论是消息、通讯还是评论，都有固定格式。我们在新闻专业的教科书上就能够看到这些格式的写作要点及案例。在规则恒定的基础上，结合人工智能的自然语言处理技术和大数据分析，新闻报道的编写工作会变得非常简单。新闻报道的编写速度会随着 AI 写作的发展变得越来越快，甚至 AI 代写会成为一种常态。

其次，在与消费者息息相关的广告和营销领域，AI 写作同样大有可为。强大的数据处理能力，将使人工智能更加了解消费者的行为和喜好。基于此而自动生成的广告文案和营销策略也会更加精准。

在与法律相关的文案写作中，AI 也有很大的发挥空间。任何一个案件都需要结合案件本身及综合大量的法律知识，才能做出判断，给出意见。而这正是一个归纳、总结的过程，基于强大算力的 AI 有很大优势。此外，与案件相关的起诉书、判决书等文案几乎都拥有一个相对固定的模板。这对于 AI 来说，处理起来方便快捷，而且措辞用语更加精准。

另外，在商业领域，AI 写作能够帮助人们更高效地完成报告、商业计划书等重要文件的编写。在社交媒体平台上，人们可以快速地表达自己的观点和想法。AI 写作所基于的大数据比作者更了解读者，所生成的文本更容易引人入胜。在客户服务领域，机器人应答已广泛应用，很多消费者常见的问题，AI 便能轻松解决。

　　随着人机合作的不断发展，这种有着一定规则和模式的格式化文本必将成为 AI 写作的主战场。同时，这种创作方式也必将随着大模型的不断成长逐渐渗透到各个领域，并且带来一场文字创作的革命，改变我们对写作的认知。

　　人机合作必将带来诸多方便，最突出的就是效率会明显提高。如此一来，人的时间和精力就会得到解放，更多地专注于一些创新性和战略性的工作。当然，在使用 AI 写作的同时，我们一定要对其缺点有比较清晰的认识，了解人机合作将要面对的挑战和问题。

　　第一，在主观能动性方面，AI 写作有着天然的缺陷。AI 能够轻松完成一篇文章的写作，但因缺乏创造性，也很难在文字中加入情感，必然无法生成令人惊艳的原创作品。

　　第二，AI 写作本身是基于算法而存在的，因此它对数据的依赖程度会非常高。当被问到同一个问题时，AI 给出的答案会极其雷同，这也是它的缺陷之一。

　　第三，就目前而言，很多大模型对专业知识的理解有限，必然导致其创作的内容深度不够。此外，当 AI 写作在处理用户数据时，可能会涉及版权、隐私和安全等一系列问题。

　　我们坚信，在人机合作的强力驱动下，未来的文字创作将更加智能化、高效化。人机合作的模式将在很多领域被广泛应用。这场属于文字创作的革命将为人类带来前所未有的机遇和挑战。人机合作这种全新的文字创作方式刚刚开始起步，AI 写作才开始走进我们的生活。随着时间的推移，AI 写作会越来越强大，人机合作必然在不远的将来迎来大爆发。面对这种变化，我们只能通过不断创新和适应变化，才能及时把握机遇，勇敢地面对挑战，创造更加美好的未来。

## 7.3 对 AI 写作新时代的思考与设想

当 AI 写作展现出极强的能力之后，人工智能的发展引起了许多人的担忧。他们认为随着人工智能技术的不断发展，未来的人工智能可能会全面超越人类，并开始主动做一些原创性的工作。这种现象一旦出现，超级智能就会在未来给人类带来不可预测的后果，甚至对人类造成威胁。

人类在不断进化发展的几百万年中，发明了无数的工具。人类开始使用石器，混战下就会有人丧生；人类开始演练金属，刀剑就在战争中称雄；后来，人类发明了火药，热兵器的威力更是令人恐慌。但不可否认，这些都是人类文明发展历史上非常重要的智慧结晶。工具是人类创造出来服务于自己的，工具的能力如何释放，完全取决于使用工具的人，而非工具本身。

当下发展如火如荼的人工智能是基于海量数据库和深度算法的产物，它的发展趋势无非就是数据库更大、算力更强，但它绝对无法摆脱能量、数据库、算力的支撑。也就是说，人工智能发展的终点一定还是工具，当然 AI 写作也终究只能是工具。我们需要考虑的应该是如何使用工具，而不是因噎废食停止对工具的升级。

我们现在把目光定格到 AI 写作工具上，所要实现的目的同样也是如何更好地使用这个工具。

　　AI 写作的普及必然会大大提高效率，我们就会有更多的时间做原创性工作。以玉雕为例，大量成批生产的玉器满足了很多人的需求，精雕的手工玉器越来越精美。同样是创作，当 AI 写作不断地提升效率时，更多优秀的原创性作品也会随之产生。

　　我们在充分认识到 AI 写作的工具属性后，面对它的态度就应该切换为拥抱。

　　首先，我们应该从基础着手，积极了解并逐步掌握 AI 写作工具的使用。学习和理解 AI 写作工具的功能和使用方法非常重要。这些工具可能具有不同的特点和优势，因此我们需要根据具体需求和目标选择合适的工具。

　　其次，我们需要根据 AI 写作工具的特点调整自己的写作流程。例如，AI 需要获得更多的背景信息和上下文需求，然后才能根据要求输出文本。我们需要在使用 AI 写作的过程中不断总结经验，慢慢从"会用"升级为"善用"。

　　最后，对于 AI 所输出的质量，我们也需要进行鉴别和修改。虽然 AI 写作可以完成相关文本的输出，但是质量依然把握在我们手中。AI 写作可能在字词、语法等方面不会有太多的错漏，但是在整体的框架、文章所要表述的深度，以及整体的逻辑推进方面，我们还需要特别注意。

　　在使用 AI 时，我们也需要同步创新和学习。任何一种工具的使用都要有一个掌握的过程，从"会用"到"善用"也是如此。新的 AI 写作工具和功能一直在不断地出现，我们学习的步伐时刻都不能放慢，只要不断地尝试新的方法和技术，就能避免在这日新同异的时代中被淘汰。

要知道，无论未来 AI 写作工具的发展多么强大，都需要人类智慧的加入。我们所要做的就是用自身的专业知识、经验和创造力，判断 AI 所生成内容的质量。如果 AI 使用者的综合素质没有提升，哪怕是人机合作的作品也必然质量平平。

在不远的未来，善用 AI 必将成为一项技能，我们学习和工作的方式都会发生非常大的变化。通过了解和掌握 AI 写作工具的功能和使用方法，时刻保持创新和学习，不断地提升自己，这将是一个和 AI 共同成长的过程。从表面上看，这是人类和 AI 共同成就的过程。而本质上，人类文明的进度正在随着新"工具"的出现而大踏步前进。因此，今天你对 AI 的态度将会决定你未来的高度。